AF311492

MANIFESTE

POUR

LES PRINCES LÉGITIMES.

Cette Publication se fait simultanément à Madrid, à Barcelone, à Séville, à Londres, à Paris, à Bruxelles, à Toulouse, à Bordeaux, à Bayonne, etc., et se distribue au profit des Réfugiés Espagnols de tous les partis.

SOUS PRESSE :

Essai sur les Causes de la Grandeur et de la Décadence des Espagnes.

Avec cette épigraphe :

Le Chêne est, chez les Anglais, l'arbre de prédilection nationale. Celui qui va à l'Espagne, c'est le Cèdre, dont il réunit les qualités. Il supporte le chaud et le froid. se nourrit de peu, est sombre et altier, et pas plus facile à plier qu'à se corrompre.

LANDON, *grand Poète anglais.*

DE L'IMPRIMERIE DE PILLET AÎNÉ,
rue des Grands-Augustins, n. 7.

MANIFESTE

A LA PRESSE,

aux Rois et aux Chambres de l'Europe,

POUR LES DROITS ET LA LIBERTÉ

DES PRINCES LÉGITIMES.

La Liberté du Roi, c'est la Liberté de la Nation.
PITT.

(Bases de la **Pétition** qui sera présentée aux **Chambres**
par les **Notables** de la **Capitale** et des **Provinces**, sous le
Patronage de **MM.** de **CHATEAUBRIAND**, **LAFFITTE**
et **LAMARTINE**.)

NOUVELLE ÉDITION DE PARIS,

Développée et enrichie d'un grand nombre de Documens inconnus.

PARIS.

CHEZ {
PILLET AÎNÉ, IMPRIMEUR-LIBRAIRE, RUE DES GRANDS-AUGUSTINS, 7;
HIVERT, QUAI DES AUGUSTINS, 55;
DENTU, AU PALAIS-ROYAL;
ROSA, A LA *Librairie Espagnole*, RUE HAUTEVILLE, 25;
Et chez tous les Marchands de Nouveautés.

1844.
1843

1 NUM m-2008

La Pétition de la Liberté des Princes d'Espagne sera déposée incessamment dans les Bureaux de divers Journaux et chez plusieurs Notaires de Paris, pour recevoir les Signatures et même les Motifs d'adhésion des Principaux Amis de la France et de l'Espagne.

Cet ouvrage, nous osons le redire, se justifiera assez par lui-même; nous ne devons justifier, tout d'abord, que son Titre.

Car nous pensons, et nous voulons paraître penser, comme nous écrivons, et comme nous agissons, tout haut, tout de suite, sans avoir rien à craindre plus..... des hommes que de Dieu.

Nous appelons *Manifeste,* nous aurions pu appeler *Manifestation* cet écrit : car il n'a rien d'*officiel;* il n'est pas même *officieux,* il est hardi jusqu'à l'audace ; et il est allé, Roi à sa façon, et en Dieu, jusqu'à sacrifier, lorsqu'il l'a fallu, jusqu'aux sentimens et à l'*ordre* formel des Princes de supprimer même les allusions aux simples fautes (et à plus forte raison aux crimes) de tel ou tel faux frère, de telle mère aveugle, de leurs familles.

Bien différent du légiste et lâche *Manifeste* pour *Christine,* lancé de Berlin, en 1839, par Zéa Bermudez, le premier ministre fameux et suicide du *Despotisme éclairé*..... de deux mois.....!

Nous avons ajouté : *Pour les Princes Légitimes,* parce que cette épithète est *Légitime,* et par conséquent *légale* elle-même, apparemment ; et aussi parce que nous nous adressons surtout aux Rois *Légitimes* (de *Legi-intimi :* intimes à la Loi), quels qu'ils soient, aux Princes d'Orléans (les *premiers du sang* légitime), et au *Roi des Français* plus particulièrement ; lui dont M. Dupin a dit, en niant *la quasi-Légitimité :* « Sa Légitimité est Entière » ; et dont nous avons dit, et redisons nous-même : « Il n'est pas de jour d'ordre public où Louis-Philippe ne soit plus Légitime encore que la veille » : car la *Légitimité* est de tems, le Tems, le

Sous-Secrétaire-d'Etat de Dieu au département du Monde.

Seulement, elle est encore plus, sans doute, de Vertu, le Premier Ministre de Dieu au même département, et dont Dieu est le premier et même le seul Juge. — Mais le Juge infiniment terrible, comme et parce qu'il est infiniment bon ; selon les quatre paroles du Roi David : *Terribilis apud Reges terræ.* Ps. 75 ; et les quatre de la Sagesse de Salomon : *Potentes potenter tormenta patientur.*

La plus grande partie de la première édition de cet ouvrage était consacrée et a été distribuée à tous les princes, à tous les hommes d'état, aux hommes de tous les partis, les plus influens sur la destinée de la France et de l'Espagne, et par conséquent sur celle de toute l'Europe.

Le *Manifeste*, n'en eût-il consolé ou effrayé qu'*un seul*, le duc d'Aumale (et il a pu mille), sa mission eût été remplie ; et, nous le savons, elle a été mille fois dépassée.

L'édition présente, développée et tout-à-fait nouvelle, est destinée à la Presse, aux Chambres et au public ; et son plus grand triomphe consistera moins à exciter leur polémique, qu'à la prévenir : « Les plus grands résultats d'une cause, d'une influence quelconque, a dit le Cardinal de Retz, ne sont pas de nature à être aperçus ou populaires : ils sont éminemment spirituels et de *for intérieur :* le très-habile homme les sait ou les sent ; les gens médiocres, et surtout les masses, jamais. »

« On gagne tout en France (même les batailles) à la pointe d'une *idée* », dit Bonaparte, qui perdit tout, et qui se perdit lui-même à la pointe d'une *épée,* et de la plus *Grande Armée* qui fût jamais.

C'est *une idée* en effet, une seule, mais avec toute sa puissance, et en appelant à elle comme siennes toutes les autres, que nous allons demander, et que nous obtiendrons la *Liberté* en question : la plus vertueuse, la plus naturelle, la plus sociale *Liberté* qui fût jamais.

Nous la demandons, avant tout, à la plus grande, à la seule Puissance qu'il y ait, et qu'il y aura désormais et à jamais au monde,..... après celle de Dieu :

La PRESSE ; la *Presse*, dont toutes les autres puissances mondaines relèvent, celle des rois, celle des gouvernemens, celle même de l'Armée, celle surtout des Chambres et des Forts détachés : auxquelles puissances secondaires nous ne demandons guère que l'exécution gracieuse des ordres de leur maîtresse.

La *Presse*, si omnipotente, que rien au monde, rien absolument, et surtout les rois, ne se fait ou ne se défait, ne s'en va ou ne revient sans elle.

C'est par elle que recouvreront la *Liberté* les Princes d'Espagne.

Et si jamais Henri... de France lui-même et surtout revient en France, si jamais Charles monte sur le trône d'Espagne..., et s'ils y demeurent, ce sera par les *Débats*, par le *Courrier français*, par le *Constitutionnel*, par le *Globe*, par le *Commerce*, par la *Presse*, par le *Siècle* surtout, le roi-citoyen des journaux populaires ; et subsidiairement, par le *Roi des Français*, par le duc de Nemours, par le comte de Paris, si comte il y a de Paris, et pour Eux tous ; bien autrement que par la hardiesse courageuse ou le pieux dévouement de tous les journaux royalistes : car ceux-ci, pour avoir raison, ont besoin d'avoir, comme au 13 *juillet*, Dieu *visiblement* pour eux.

C'est dans ce sens, et dans ce sens exclusivement,

qu'il est vrai de dire, et qu'on a raison de prendre pour devise :

Tout pour la France, et par la France.

Jugez déjà par un fait de cet ordre, mais par un grand fait, de la puissance de la *Légitimité,* c'est-à-dire de la Logique.

On lit aujourd'hui tout notre *Manifeste* en résumé, dans ces paroles du Journal qui a le plus de lecteurs à Paris, en France, en Angleterre même, et en Europe :

« Encore une fois, disent noblement et habilement MM. Odilon Barrot et Chambolle dans le *Siècle, l'Espagne est une ancienne, une grande nation, et à ce titre elle ne relève que de Dieu.*

» Ainsi, dira-t-on : Que l'Espagne marie sa jeune reine à tel ou tel prince, personne n'a le droit d'intervenir. *Sans doute. L'Espagne est parfaitement libre* de choisir ses amis et ses ennemis, de même que ceux qu'elle choisit pour ennemis sont libres de prendre à son égard des mesures de précaution ou de représailles. C'est là qu'aboutit la souveraineté; celle des autres Etats est aussi entière que celle de l'Espagne. Ce qu'il importe de bien établir, c'est *qu'en diplomatie la supériorité de la force et du nombre ne crée pas un droit supérieur,* et que la souveraineté, qui est le droit dans son essence, est égale pour tous.

» Nous l'avons dit en commençant, si l'Espagne, dans l'usage complet de sa liberté, *croyait prudent* de marier Isabelle au Fils aîné de don Carlos à des conditions qui réservassent bien nettement les droits de la nation, *il faudrait peut-être la Féliciter de cet arrangement, qui supprimerait une cause de collision en Europe.* »

———

MANIFESTE

POUR LES PRINCES LÉGITIMES.

..... *Magnorum Soboles Regum.*
CLAUDIAN.

—————

C'est surtout Charles-Louis-Marie de Bourbon et de Bragance, le Prince des Asturies, que nous voulons dire.

Il n'est pas étranger, surtout en France, celui-là.

Il est Français dans le sang, Français dans la langue, qu'il parle comme nous, et, nous le dirions volontiers, mieux que nous; il est déjà depuis des années (et les années sont des siècles dans le plus royal exil) en France, au milieu de nous, dans le berceau de ses aïeux, le Berry, *Bourbonnien* par excellence, où il se montre plein d'innocence, de douceur, de bienfaisance et de majesté!

Fût-il étranger, il n'en serait que plus digne des égards, de la sympathie, de la justice en tout cas, de la France.

L'Antiquité, même profane, plus sacrée qu'on ne pense (car elle *est plus près des Dieux,* comme dit Cicéron, dans un grand sens), l'antiquité met toujours l'étranger dans les personnes bien-aimées : « C'est le Ciel même, dit Platon, qui a pris l'étranger sous sa garde : *Hospitalem veriti*

1

Jovem ! » — Et Euripide : « Les étrangers appartiennent à Jupiter : *Ab Jove peregrini sunt.* » Le maître de la foudre eut moins d'autels sur la terre que Jupiter hospitalier. « A Rome, à Athènes, chez les Germains, chez les Tartares eux-mêmes, » dit M. de Montlosier, dans le seul substantiel et le plus utile de ses ouvrages, celui contre le *Code civil,* « lorsqu'un étranger était annoncé, on venait l'attendre avec la bouteille hospitalière : *lagenam hospitalem ;* on lui apportait du pain, du vin et du sel, *quelquefois une Couronne.* Entré dans la maison, la femme ou la fille lui lavait les pieds. Quand il partait, on lui offrait des présens ; quelquefois on rompait en deux une pièce de monnaie, dont les morceaux, gardés soigneusement de part et d'autre, devenaient les gages d'une alliance religieuse : *Tessera hospitalitatis.* »

Le courageux Constituant de 89, le noble pair de 1830, le Français, il faut lui rendre cette justice, qui avait le plus étudié et qui savait le mieux les lois et les mœurs de la monarchie de France, dont il démontre et justifie longuement la *Loi Salique*, a ajouté quelque chose de mieux : « La Loi Salique, celle des Ripuaires, celle des Bourguignons, tous les Capitulaires sont pleins de dispositions à l'égard des étrangers. Louis-le-Débonnaire ne se contente pas de recevoir les Espagnols échappés à la violence des Sarrasins ; il leur donne des terres ; ils sont traités à l'égal des autres Français : *Sicut alii Franci.* »

Cette grande loi de l'humanité est bien autrement vraie, en effet, depuis le christianisme qu'avant, car le christianisme, c'est l'égalisation, et, si nous osons le dire, la *solidarisation* du genre humain. Et voilà la raison secrète de nos préoccupations, de nos passions et de nos affections étrangères à tous, à quelque parti que nous appartenions,

Déjà Voltaire * électrisait la scène dans le XVIIIe siècle, par ces beaux vers de Mérope :

> Mais je suis malheureux, innocent, étranger ;
> Si le ciel t'a fait roi, c'est pour me protéger.

Un Français a bien le droit de prendre la défense d'un Espagnol, car il est de la patrie par excellence de la justice, de la générosité, encore plus que de l'hospitalité...., la France, où d'Aguesseau s'écriait, dans une audience solennelle du parlement de Paris : « Il n'y a dans les tribunaux français que l'*injustice* qui soit *étrangère.* »

L'*injustice* est bien autrement *étrangère* à la philosophie, à la presse catholique françaises, que dans les palais de justice de d'Aguesseau lui-même !

Ce ne sera pas la première fois que la France aura pris la parole ou la plume, comme elle a pris l'épée **, pour l'Espagne : *Il y a*, entre l'Espagne et la France, moins *de Pyrénées* que jamais.

M. de Châteaubriand, par son seul *discours* en faveur de la légitimité d'Espagne, comme ministre des affaires étrangères, et le duc de Bellune par sa *volonté* comme ministre de la guerre, ont plus rendu à la France, dans l'opinion européenne, qu'elle n'y avait perdu, par le fait de Bonaparte, en 1815.

---

* Il y avait de la passion, mais de la vérité, dans cet autre vers dramatique du même siècle :

> Vous n'êtes pas Français, on peut vous pardonner.

Et c'est... Gaston d'Orléans, Nemours, qui le dit à un Espagnol.

** Lorsque Du Guesclin, frayant le chemin à Vendôme dans le XVIIe siècle, et au duc d'Angoulême dans le XIXe, alla en Espagne rétablir le roi Henri sur le trône de Castille dégradé par un don Pèdre, et que la reine, qui le vit la première, lui dit: « C'est à votre courage que nous devons tout. —Vous vous trompez, lui répondit-il, c'est aux vertus du Roi, Madame, et aux vôtres. »

Et nous avons assez le droit, nous , de dire, de proclamer rationnellement à la France, et même à l'Espagne, et pour toutes les deux, le nom du *Prince des Asturies :* Nous avons dit et prédit dès 1840 , avec un bonheur dont nous sommes fiers : « L'Espagne aura son Roi, ou bientôt l'Espa-
» gne et même l'Europe n'auraient plus que des tyrans. »

C'était voir assez bien , et avant coup, le bombardement de Barcelone et celui de Séville, etc., etc.

Nous verrions *mieux ,* si jamais on laissait faire quoi que ce soit par Isabelle sans Charles V !.....

Nous annonçons aujourd'hui que ce *mieux* terrible n'aura pas lieu.

Il est, en effet, des momens dans les phases des nations, où tout est *décisif,* parce que tout est *décidé :* c'est quand la Providence a décidé. Le 13 *juillet* 1842, et le 27 *juillet* 1843 (jour de la chute du Prince royal , et de la fuite du *duc de la Victoire*), sont des momens de cette nature. C'est en ce sens seulement qu'il faut considérer les *faits accomplis,* et qu'il faut partir de *faits accomplis.*

En sorte que nous n'avons pas besoin aujourd'hui d'être *prévoyant :* nous n'aurons besoin que d'être historien.

Il ne s'agit plus de savoir (en Espagne du moins), qui sera *régent ?* et même qui *reine ?* mais bien , et exclusive-ment, qui sera *Roi ?*

Et comme la jeune Isabelle est innocente et même ver-tueuse, et peut-être héroïque, tout enfant qu'elle est, et qu'un parti innocent (une généralité d'hommes n'est jamais absolument coupable) se rattache sincèrement à elle, il faut dire que son époux seul, qui sera Roi *de fait,* lorsqu'elle ne saurait jamais être reine que *de nom,* perdrait seul l'Es-pagne, et peut-être la France, s'il ne les sauvait pas seul....

Les tems et les faits sont décisifs ; les argumens doivent aussi l'être : et il va suffire en effet de quelques raisons, de quelques autorités, de quelques pages, pour éclairer la discussion, et la mettre à la portée des femmes comme des hommes, des enfans de rois comme des rois eux-mêmes. Car tout ce qu'il y a de plus grand peut se simplifier, et ce qu'il y a de plus petit se grandir, aujourd'hui, désormais et à jamais. La Providence, qui a prévu, en politique comme en religion, les dernières et les plus grandes *incrédulités,* a suscité et voulu les *démonstrations* à la fois les plus simples, les plus courtes, les plus irrésistibles.

Ce que n'ont pas fait, apparemment, ce que n'eussent pu tenter seulement, des publicistes improvisés, tels que MM. Mignet et Billing : M. Mignet, archiviste et conseiller-d'état, M. Billing, diplomate de juillet, et avocats d'une partie trop intéressée.

Les rédacteurs *officiels* ou officieux, à distances apparentes..., des *Négociations relatives... à l'avènement de la Maison de Bourbon au trône d'Espagne,* de l'*Essai sur la Succession d'Espagne,* et de l'écrit intitulé : *L'Espagne et la France,* ont *philippisé* seulement.

M., et surtout *Madame* Emile de Girardin, dans la *Presse,* vont chaque jour *christinisant,* et pour cause. Ils se prennent aux plus pauvres raisons, aux articles les plus chétifs en faveur de la cause légitime, affectant d'ignorer son exposition irrésistible; ils se battent *efféminés* lâchement contre des *fuyards,* n'osant affronter l'ennemi *Franc* et *Salien.*

La plus belle des victoires, c'est la dispense de la victoire.

Nous allons *monarchiser* et raisonner, nous.

Ce que nul n'ose ou ne sait dire, nous le dirons *.

* Et, pour cela, nous n'aurons besoin que de recueillir, de résumer et de développer à la fois les savans, chaleureux et courageux écrits de M. le comte de Villemur, de MM. de Lourdoueix, Théodore Anne, Walsh, Nettement, de Sassy, Gaillard, Abel, dans les feuilles Royalistes.

On peut défier un *Christino*, un *Narvaésien*, un *Aya-cucho*, un *Espartériste*, un *Carlottiste* (s'il était de cela encore), de publier, et surtout de signer une critique quelconque de cet écrit.

On peut défier un *Congrès* de rois, des *Cortès*, des *Juntes* quelconques surtout, même la *Puerta del Sol* (la *Porte du Soleil*, forum de Madrid), de dire plus, et mieux, en moins de mots.

On peut même leur porter le défi de *faire* que ce que nous allons *dire*, car la nature des événemens l'a fait, et ils ne sauraient jamais, en rien, plus que nous, autre chose que *constater*. Toutes les sortes de *Pronunciamientos* sont à jamais finies par le ridicule, pire que l'effroi :

L'ouvrage de plusieurs n'a jamais rien valu.

Il y a long-tems que les sortes de souverains qui dominent dans les Congrès, profondément *assujettis,* sont, bien autrement que les rois fidèles naturellement isolés, toujours *en arrière,* non *d'une année, d'une idée* et *d'une armée,* comme Rivarol avait la bonté de dire, mais de cent *années,* mais de mille *idées*, mais *d'un homme* seulement, qui, seul, est toujours au dessus *d'une armée,* car il la prévient.

L'une des mille *idées* qui manque déjà au Congrès, c'est la *Loi Salique*. Et l'*homme unique* qui lui vaudra mieux, aujourd'hui, qu'une armée, c'est, nous l'avons dit, *le Prince des Asturies*.

Nous allons le rendre sensible, le prouver, le *manifester*; et, par conséquent, manifester l'incapacité ou l'indignité de ses rivaux. Nous ne sachons de légitime que cette façon d'élire ou de détrôner des rois.

En politique, comme en religion, la plus grande des vérités, c'est l'unité du pouvoir, et par conséquent son hérédité, de mâle en mâle et d'aîné en aîné ; la plus grande des erreurs, le duel du pouvoir, le pouvoir double, et surtout le multiple et l'universel (ou, ce qui est le même, l'hérédité désignée arbitrairement par le père), essentiellement secondaire, faible, impuissant, homicide, suicide et même fou *, et faisant tout cela tout le monde. Selon cette parole sacrée, rappelée par la Loi *Christino* des *Sept Parties* : « Tout royaume partagé ou divisé contre lui-même périra. »

Il faut que l'expérience soit, à cet égard, bien démonstrative, en France comme en Espagne : car, lorsqu'on y nie, lorsqu'on y viole toutes les autres vérités, on y reconnaît celle de la monarchie, aujourd'hui, ce semble, plus que jamais. Et les Chambres elles-mêmes, qui se faisaient républicaines de 1820 à 1830, se feraient volontiers esclaves des *forts détaches* de la monarchie en 1843... Dieu et Elles en soient loués !

Plus les peuples sont en effervescence, plus les souverains surtout sont nouveaux ou ébranlés, plus la *légitimité* enfin a été compromise, plus elle a été violée, plus même elle est odieuse, et plus il est nécessaire, et même facile d'y revenir.

Je le crois bien ! les usurpateurs ont pris soin, car ils ont la mission, de la justifier.... : « Les troubles en France, dit le président Hénault lui-même (sans en savoir la raison), ont toujours affermi le pouvoir... » pour affermir la liberté.

Ce sera bien plus vrai encore en Espagne qu'en France.

* Et comment qualifier autrement des actes officiels comme celui-ci, qui n'est pas choisi, et que nous lisons dans la *Presse*, qui n'en *gémit* pas :

« M. Pascual Madoz a renoncé aux 50,000 réaux qui lui étaient accordés comme président de la commission de la *Science de la Richesse publique;* mais il a demandé que cette somme fût employée à soutenir *à l'étranger deux jeunes gens* qui iraient apprendre la philosophie et la science gouvernementale. Au bout de *deux ans*, ils reviendraient, et en fonderaient à Madrid une chaire pour former *des hommes d'état.* »

La puissance du Pouvoir, et, disons-le, sa simple *possibilité,* c'est-à-dire sa masculinité, est peut-être encore plus sensible et plus nécessaire, lorsqu'on y pense, que son unité.

C'est la *Loi royale* par excellence.

Ce serait la Loi de la France, si la France n'avait qu'une Loi.

Ce serait même la loi de l'Espagne.

Et c'est ici que nous allons exprimer, pour la première fois, des faits et des motifs nouveaux, et sans réfutation possible :

L'Espagne, c'est, il faut le dire, l'Aragon et la Castille ;

Or, la Loi Salique fut toujours, *sans exception aucune,* la *Loi* du *Royaume d'Aragon* (qui comprenait la Catalogne et la Navarre.)

Ce fut même la Loi du *Royaume de Castille,* jusqu'à un Alphonse X, surnommé *l'Astrologue,* et, par surcroît, le *Louis XI* de l'Espagne, qui parut la violer par une loi différente....., mais une loi de propre mouvement, et même *ab irato* contre un fils coupable, et qu'il n'exécuta même point, soit en ne songeant pas, durant tout son règne, à la rendre *exécutoire* par des Cortès, soit en appelant à lui succéder son cadet au lieu de son aîné !

Cette triste *Loi,* dont les *Christinos* font tant de bruit, ne fut soumise à des Cortès quelconques, et pour cause *spéciale* nouvelle, que *trois règnes après* celui de *l'Astrologue*-Roi, et par un Alphonse XI, le plus pauvre Roi qu'ait jamais eu la Péninsule, et qui laissa le trône à son fils, Pierre-le-*Cruel!*..... lequel appela déjà *les Anglais* à son secours, et que le Français par excellence, le vainqueur par excellence des Anglais, du Guesclin, vit tuer sur le champ de bataille de la main d'un Henri,

> Qui fut de ses sujets le *vainqueur* et le père.

Et, après tout, quelle preuve plus grande de la Loi Salique, presque autant innée en Espagne, et même en Castille, qu'en France, que LE FAIT d'histoire, éclatant, de *Trois cents Rois* environ, depuis les Suèves, les Alains, les Vandales et les Goths, jusqu'aux premiers Rois de Léon et de Castille, d'Aragon et de Portugal, où il ne se trouve *pas trois Reines* Rois!..... (A moins de compter les tutrices et les Régentes; mais alors il en est en France encore plus.)

Les seules exceptions alléguées ne sont même pas vraies, ou sont ridicules : — c'est *Isabelle,* qui s'est assez bien fondue dans Ferdinand-le-Catholique; — c'est *Jeanne-la-Folle,* dont le fils était déjà sage, au point d'être nommé Régent du Royaume, à la mort de son grand-père, et qui devait être..... Charles-Quint!

Autres preuves, sans réplique, de l'adoption de plus en plus rigoureuse de la Loi Salique en Espagne, presque aussi étroitement qu'en France, c'est la Renonciation de l'Infante, femme de Louis XIII, à la couronne d'Espagne à Madrid, le 12 août 1612; et le *refus* de Marie-Thérèse d'Espagne à Louis XIV, tant que Philippe IV n'eut pas des enfans mâles..... *, pour garder à l'Espagne le trône d'Espagne.

(Jugez de la pauvreté des défenseurs de Marie-Christine! Le baron de Billing, dans son *Essai historique sur la Succession d'Espagne,* cite en témoignage principal et presque unique de la *loi féminine* ou de la *loi de l'étranger,* précisément ces faits qui en démontrent l'horreur dans la pensée et dans les mœurs des Espagnes!)

Elle venait donc, avec beaucoup de conséquence, à moins d'un siècle de là, la célèbre et immortelle Pragmatique de Philippe V !

---

* Le Président Hénault le reconnait formellement aux années 1656, etc., 1658, 1659.

Par elle, il faut le dire, se trouvait intrônisée à jamais la Loi Salique à l'Escurial quasi comme aux Tuileries.

Mais, on ne saurait assez le répéter, la Pragmatique n'introduisit point, n'établit point la Loi Salique en Espagne, elle ne fit que la généraliser, la promulguer, la consolider même sous le nom..... *avocatien* de *Loi Cognatique*.

La Loi Salique bien entendue est peut-être celle qui craint moins la dernière *fille* de la branche aînée, que le premier *mâle* de la cadette !

Or, écoutez, à cet égard, les deux plus graves, les deux plus célèbres autorités qu'on puisse citer à ses amis et à ses ennemis : Grotius et Bossuet : — Le premier, liv. II, ch. vii, de son *Droit de la Paix et de la Guerre :* « Il y a une succession Linéale qu'on appelle agnatique, c'est-à-dire celle des mâles venus des mâles ; laquelle est appelée succession suivant le droit français, parce qu'*elle est éminemment propre à cet auguste Royaume;* elle a pour objet, entre autres, d'empêcher la Couronne de tomber dans un sang Etranger par le mariage des filles. » — Et Bossuet, dans une *Proposition* intitulée : « *Que c'est un nouvel avantage d'exclure les femmes de la succession:*

» Par les trois raisons alléguées, il est visible que les royaumes héréditaires sont les plus fermes. Au reste, le peuple de Dieu n'admettait pas à la succession le sexe qui est né pour obéir ; et la dignité des maisons régnantes ne paraissait pas assez soutenue en la personne d'une femme, qui, après tout, était *obligée de se faire un maître en se mariant.*

» Où les filles succèdent, les royaumes ne sortent pas seulement des maisons régnantes ; mais de toute la nation : or, il est bien plus convenable que le chef d'un Etat ne lui soit pas étranger : et c'est pourquoi Moïse avait établi cette

loi : « Vous ne pourrez pas établir sur vous un roi d'une
» autre nation, il faut qu'il soit votre frère. »

» Ainsi la France, où la succession est réglée selon ces
maximes, peut se glorifier d'avoir la *meilleure constitution
d'Etat qu'il soit possible*, et la plus conforme à celle que
Dieu même a établie. Ce qui montre tout ensemble, et la
sagesse de nos ancêtres, et la protection particulière de
Dieu sur ce royaume. »

C'est à cette meilleure *Constitution d'Etat* (dont toutes
les autres sont les caricatures) que la France doit d'avoir
eu si rares et si courtes guerres civiles ; car on ne conçoit
de ces guerres-là que par des conflits de famille régnante ;
comme c'est à cette *Constitution d'Etat* moins assurée
en Espagne, parce que ses provinces furent plus long-
tems indépendantes, et ne furent vraiment réunies que
sous Charles-Quint, que l'Espagne doit ses malheurs. Et
M. le baron de Billing le dit formellement : « Nous re-
connaissons assez l'histoire si agitée de l'Espagne, qui,
pendant des périodes entières, ne fut qu'inondée de sang,
pour nous garder de prétendre que l'ordre légal de succession ne fut jamais violé. »

Le Prétendant de 1830 * avait personnellement trop de
sagesse, il se sentait trop de forces personnelles, la branche
dont il était le tronc était trop belle, pour qu'il ne fût pas
essentiellement *Salique* **, et qu'il ne voulût pas essentiellement Salique sa dynastie.

---

* Le *grand Napoléon*, son modèle, proclama aussi la *Loi Salique* dans
les constitutions impériales. Il la proclama surtout dans la constitution de
son frère Joseph à Madrid :

« II. La couronne d'Espagne et des Indes est héréditaire dans notre des-
» cendance directe, naturelle et légitime, de mâle en mâle, par ordre de
» primogéniture, et avec *exclusion perpétuelle des filles*. »

** Aussi avez-vous vu comment il traite et expulse des îles Marquises la
petite *Pomme de discorde*, cette *Pomaré* qui n'a plus de consolation que

Il n'eut garde de ne pas consacrer la Loi Masculine dans sa Charte de 1830, et surtout dans sa loi-*Nemours....*, au point de faire affront à la veuve d'Orléans jusque sur la tombe de son Epoux !

Croira-t-on qu'en Espagne, un Roi lui-même, un Roi légitime ait pu, ait voulu librement, sérieusement, *ôter* lui-même au pouvoir, lorsque les sujets lui donnaient ailleurs?

Concevrait-on, surtout, que la dynastie d'Orléans se posât violatrice en Espagne de la Loi Salique, qu'elle a consacrée pour elle, et à deux reprises, en France ?

Le pouvoir politique, ce n'est rien, ou c'est la faculté du commandement, c'est la force, c'est le mélange de l'homme avec l'homme, de l'homme roi avec les hommes sujets ; c'est, au besoin, la guerre (et jamais la guerre ne fut plus le droit commun que dans les siècles et les lieux où *la paix* est à l'ordre du jour) : toutes choses que Dieu apparemment,

---

ses *lettres* à *sa chère amie et sœur*, lesquelles seraient d'autant plus vraies qu'elles seraient apocryphes :

« Ma chère amie et sœur, reine Victoria, reine de la Grande-Bretagne, santé et paix à vous, et sauvée puissiez-vous être par Jehovah, la *base de notre mutuelle puissance comme reine de nos contrées respectives.....*

» Mon gouvernement m'a été pris par *mes ennemis Paraita, Hitate, Tati et autres liés avec eux ;* ce sont eux qui ont combiné l'arrangement avec les Francais, et y sont entrés. Ils m'ont bannie pour que je ne fusse plus souveraine de Taïti, *pour devenir rois eux-mêmes et leurs enfans aussi.* Maintenant, mon amie, pensez à moi, ayez compassion de ma position et aidez-moi ; que votre assistance soit puissante et prompte, afin que je puisse être réinstallée dans mon gouvernement ; qu'elle vous soit inspirée par la pensée qui fit venir le Messie au monde pour nous sauver vous et moi. Ayez compassion de mon embarras, de mon affliction, de mon abandon. Ne me repoussez pas et aidez-moi vite, mon amie. Je cours à vous pour trouver un refuge, *pour être couverte de votre grande ombre,* la même que *nos pères trouvèrent chez vos pères. Ils sont morts maintenant, et leurs royaumes nous sont échus, à nous les plus faibles vases....*»

puis que la nature, n'ont données qu'à l'homme, et que la femme n'aurait pas sans une sorte de monstruosité.

Le pouvoir masculin est aussi vrai, aussi bienfaisant dans la famille, et par conséquent dans l'Etat, que le pouvoir *féminin*, efféminé, est fatal.

On ne citerait pas un grand règne politique ou religieux, on n'en citerait pas même un petit, dans l'antiquité, qui ne fût masculin.

Le règne des femmes est du tems et des lieux dégénérés, et des *bas-empires* proprement dits *.

L'Esprit Saint (car il doit y en avoir un tel, puisqu'il y en a tant d'autres), l'Esprit Saint qui a prédit littéralement toutes les grandes ressources des derniers tems, a prédit aussi tous leurs grands fléaux : la *Presse (Pressura gentium) ;* — la vapeur (*Vaporem fumi*) ; — et nos forts détachés : *Et circumdabunt te inimici tui vallo*, etc. ; — et jusqu'à nos *Mystères de Paris,* qui font le tour du monde en le corrompant : *Et in fronte ejus nomen scriptum : Mysterium.........* — Et, dans la même page d'Isaïe : notre faim d'or : *Non finis thesaurorum ejus ;* — notre manie des chevaux, des voitures et des chemins qui tuent nos princes : *Et repleta est terra ejus equis ; et innumerabiles quadrigæ ejus ;* — et la mort de l'un sur son char, et la vie de l'autre sous son cheval : *Hi in curribus et hi in equis, ipsi ceciderunt, nos surreximus* (EXAUDIAT); — et l'abaissement des hommes par les femmes : *Incurvabitur altitudo virorum ;* — et nos régens et jusqu'à nos

---

* Le savant et profond Grotius le démontre excellemment dans un chapitre *ad hoc* de son *De Jure belli ac pacis.* « Lorsque, contre le sentiment et la coutume du peuple romain, on se soumit à l'empire d'*Irène* à Constantinople, le peuple romain révoqua, et avec justice, cette concession, et élut un Empereur par la bouche de son premier citoyen. »

reines * au maillot : *Et dabo pueros principes eorum, et effeminati dominabuntur eis !*

Le règne des femmes est même des tems fabuleux :

Une seule grande et antique souveraine est nommée dans l'histoire profane des plus anciennes nations d'Orient, et précisément il est avéré par les meilleurs historiens qu'elle n'a pas même..... existé : *Sémiramis !*

Et voilà pourquoi vous voyez partout en Europe , par le tems qui court, en Espagne, en Portugal, en Angleterre , en Autriche même , les femmes trôner.

C'est assez, c'est trop pour l'Espagne, d'une tentative....

Toutes les sortes de femmes *dominantes* sont faibles, et bientôt impuissantes et coupables : — la *femme savante ;* — la *femme* libertine ou *libre ;* — et surtout la femme philosophe, pire que l'homme même de ce genre. « Qui pourrait concevoir qu'une femme soit athée ? etc., » dit M. de Châteaubriand.

Les *femmes-prêtres* de la révolution : *Catherine Théos, Sophie Monmoro, Mlle Labrousse*, etc. (et un peu, à leur suite, une duchesse dont la famille d'Orléans est héritière), sont précisément ce qu'il y a aujourd'hui de plus hideux au monde : des *déesses-raison* et des prostituées !

Une seule *papesse* Jeanne, qui est un mensonge historique, a failli compromettre , je ne dirai pas, certes, l'Eglise romaine, mais la simple *Histoire ecclésiastique.*

Et voilà pourquoi la vie privée, la vie de famille, la vie pacifique, la vie obéissante, la vie religieuse, le *Voile* enfin sied si bien aux femmes.

Et la beauté la plus divine,
N'est pas celle qu'on voit, mais celle qu'on devine.

DELILLE.

* *Reine* est, dans la langue *franche*, l'anagramme de..... *Rien !*

Or, c'est en Espagne que la vérité ici est dans sa terre classique et dans sa gloire : « De quelque rang qu'elle soit, dit le philosophe Delangle, dans son *Voyage en Espagne,* une Espagnole ne sort jamais sans être voilée. »

Et c'est un usage, un devoir, il faut le dire, dont le christianisme est le secret : à ce point que Tertullien a publié tout un Traité du *Voile* universel des femmes.

Lorsqu'il se trouva, çà et là, quelques grandes reines en apparence, on vit toujours à côté, ou plutôt au dessus d'elles un plus grand homme, et ce fut presque toujours un amant, quand ce n'en furent pas plusieurs *.....

Son époux, jamais : car l'époux d'une *reine* proprement dite perdrait sa capacité, s'il avait une capacité. La honte, et surtout dans l'Espagne, toute pleine de dignité et même d'orgueil, est une impuissance de première majesté.

Le règne des femmes fut toujours une hypocrisie.

Et l'hypocrisie, ici, recèle et décèle toujours une trahison.

Et la trahison de la reine, lorsque l'*époux légitime* est étranger, est encore pire que lorsqu'il n'est qu'*amant :* car c'est la patrie naturelle de cet époux qui va dominer dans l'adoptive.

S'explique par là ** le sentiment, qui se trouve dans toutes les sortes de pères, et même dans toutes les sortes de mères de toutes les familles, le sentiment de répugnance presque invincible pour trop de filles, et même

---

* « Catherine II, dit Georgel, en était au quatorzième (Suboff) lorsqu'elle mourut subitement en 1796. »

** C'est aussi la raison profonde de ce *droit d'aînesse,* si peu connu, si honni de nos jours dans la législation et dans la justice proprement dites ; et que nos mœurs, moins mauvaises que nos lois, nos instincts supérieurs à nos raisons, dans les meilleures provinces, et surtout dans les meilleures familles, pratiquent, le plus qu'ils peuvent, comme dans toute l'Angleterre, laquelle se contient et se soutient par lui,

pour des filles : on sait qu'elles s'anéantissent dans les familles de leurs maris, et que les maris, par un sentiment invincible à leur tour, s'anéantissent dans les leurs.

L'alliance enfin, ici, est une aliénation du pays et sa conquête.

La reine a toujours un maître *, quelquefois du dernier ordre, à côté d'elle ; au contraire, on ne citerait pas un seul grand Roi qui ne fût tout seul.

Une Epouse... *Roi ?* c'est la violation incessante intronisée de la Loi Evangélique de la soumission de la femme à son mari, en *tout :* In omnibus, dit S. Paul *aux Ephés.,* v.

La femme, telle que Dieu l'a faite et l'a voulue, est aussi *reine* dans la famille qu'elle est *sujette* dans l'Etat.

Si les femmes de rois avaient un moyen de régner, ce serait en n'ayant de *reines* que le *nom.*

Quel *Nom,* en effet, que celui de *Reine !*

Conçoit-on, sous le soleil, quelque chose de plus grand qu'*une reine ?*..... Un Roi lui-même pâlit en imagination et en réalité devant elle ! — Elle a toutes les douceurs, tous les plaisirs, tous les honneurs, tous les bonheurs de la grandeur, si la grandeur a de cela au monde ;... tous les avantages de la royauté, hormis ses soucis, ses peines, ses responsabilités, de nos jours si terribles et si fréquentes. Le droit surtout de faire des heureux lui sied et lui ap-

---

* Il y a plus d'esprit que de vérité dans l'anecdote suivante :

« Madame la duchesse de Bourgogne disait un jour à Madame de Maintenon devant le Roi : « Savez-vous, ma tante, pourquoi les reines d'Angleterre gouvernent mieux que les rois ? C'est que des hommes gouvernent sous le règne des femmes, et les femmes sous celui des hommes. »

La reine Anne, la seule reine qui ait laissé un nom, ne fut que treize ans sur le trône, et mourut jeune et d'apoplexie. Elle eut pour favori perpétuel, c'est-à-dire pour maître, pour *guerroyeur* incessant et ridiculisé, avec l'Autriche contre la France : le fameux *Marlboroug !*

partient exclusivement; et le droit et le devoir de donner de grands exemples de vertus privées et de piété publique. L'histoire des femmes, et même celle des rois, offrent-elles quelque chose de plus grand et de plus beau que les vertus, et, il faut le dire, les *règnes* d'Esther, d'Hélène, de Pulchérie, de Placidie, de Clotilde, d'Adélaïde, des Elisabeth de Hongrie et de Portugal, des Mathilde; — des Espagnoles Anne d'Autriche (femme de Louis XIII), et Marie-Thérèse (femme de Louis XIV); — d'Henriette d'Angleterre, qui semble avoir plus grandi Bossuet, que Bossuet ne l'a grandie; — de Marie Leszczynska, fille de Stanislas et femme de Louis XV, et qui seule ferait pardonner Louis XV; — et, enfin, notre Marie-Clotilde de Sardaigne, à laquelle on vient d'élever des autels?

C'est avant tout, c'est surtout des grandes reines qu'il est vrai de dire, et qu'il faut dire, l'épigraphe du comte de Ségur, dans son livre sur le sujet : *Les Hommes font les Lois, les femmes font les mœurs.*

Mais sinon, non.

La femme-*roi* est, au moins, une femme abaissée et abaissante, lorsqu'elle n'est pas avilie et avilissante.

La femme en public, c'est presque la femme publique...

La femme *prétendante* surtout, est la pire de toutes les femmes et de toutes les reines.

C'est le *Furens quid femina possit* de Virgile; le *Non est ira super iram mulieris* de l'*Ecclésiastique* du Sage.

Que serait-ce de l'enfant, de l'*Infante-roi* prétendante?

Ecoutez aussi l'Histoire :

La plupart des reines, des régentes de fait ou de droit (ici peu importe), ont laissé des noms odieux et des traces sanglantes : Jezabel et Athalie, dans le peuple de Dieu; — Livie et Agrippine; Plotine, la femme de Trajan, et l'Empereur et le *Dieu* d'Adrien, dans l'Empire romain; — Fausta,

Amalasonte, Irène, les Théodora, Zoë, etc., dans le Bas-
Empire; — et parmi nous, Brunehaut et Frédégonde, rivales
à la vie à la mort; — Isabeau, adultère du duc d'Orléans,
et « livrant Paris aux Anglais *avec* lui », dit Mézeray * ; —
la mère de François Ier, dont « la *vengeance extrême*, dit

* Voici comme parle de ce double fait le président Hénault, aux « années
1410-1422 :

» Faction des Bourguignons et des Orléanais, dits *Armagnacs*. Ce nom
leur venait du comte d'Armagnac, qui s'était joint à *son gendre*, *le duc
d'Orléans*. Paix faite entre les deux partis au château de Bicêtre, près Paris. Les troubles recommencent. Le comte de Saint-Paul, nommé gouverneur de Paris, dans le dessein de chasser de cette ville tous ceux qui ne
seraient pas pour le duc de Bourgogne, s'applique à gagner la populace;
il choisit plusieurs bouchers qu'il fit chefs d'un corps de cinq cents hommes
des plus déterminés, qu'on appela *Cabochiens*, du nom de Caboche, un
de ces chefs, et qui exercèrent toutes sortes de violences. LE DUC D'OR-
LÉANS APPELLE LES ANGLAIS ; » le roi arme contre lui par le conseil
du duc de Bourgogne.....

» ..... Mort de Louis, premier dauphin, le 18 décembre 1415. Mort de
Jean, second dauphin, *empoisonné* le 5 avril 1416. Il était lié avec le Bourguignon, dont il était le neveu par sa femme et qui l'avait élevé. Louis II,
d'Anjou, roi de Naples, dont il n'avait plus que le titre, et beau-père du dernier dauphin (Charles VII), fut soupçonné de cette mort. Le Bourguignon
se lie avec Henri V. L'Anglais, après une victoire navale gagnée devant
Harfleur, qu'il prit, entre dans la Normandie, dont il s'empare ; toute la
France est inondée d'ennemis. *Le moment approchait de la fatale révolution qui plaça un Etranger sur le trône de nos rois. Isabelle de Bavière,*
femme de Charles VI, se lie avec le duc de Bourgogne, l'ennemi de son
mari et de son fils Charles, troisième dauphin : cette *femme avare, ambitieuse et galante, avait à se venger tout à la fois du roi, qui venait de
faire noyer un de ses amans,* nommé Boisbourdon, et des Armagnacs et
du dauphin, qui avaient enlevé les trésors qu'elle avait accumulés aux dépens de l'état ; *elle livre Tours et Paris, et force le dauphin de se retirer à
Poitiers,* où il transfère le parlement, et prend la qualité de régent du
royaume.....

» ..... Isabelle se lie avec Philippe-le-Bon, successeur de Jean-sans-Peur,
contre le dauphin ; elle fait une trève avec l'Angleterre, qui fut suivie d'une
paix funeste à la France. Cette princesse avait établi à Amiens une cour
souveraine de justice, pour tenir lieu de celle du parlement. Les lettres et
mandemens se faisaient au nom de la reine en cette forme : ISABELLE,
PAR LA GRACE DE DIEU, REINE DE FRANCE, *ayant pour l'occupa-*

Me Dupin, causa la perte de la bataille de Pavie, la captivité du Roi et le traité de Madrid » ; — Jeanne d'Albret ; — Médicis, femme d'Henri II, trois fois régente, et la promotrice avouée de.... la *Saint-Barthélemi ;* — l'impatiente et

tion de monsieur le roi le gouvernement et administration de ce royaume. Alors, tout fut double en France, parlement, grands officiers, etc.

» Isabelle de Bavière, mariée en 1385, mourut en horreur à tous les bons Français en 1435.

» Son corps fut tant méprisé, qu'il fut mis de son hôtel dans un petit bateau sur la rivière de Seine, sans autre forme de cérémonie et pompe, et fut ainsi porté à Saint-Denis en son sépulcre, ni plus ni moins qu'une simple demoiselle. (*Brantôme.*)

» Traité signé à Troyes le 21 mai 1420, par lequel il fut dit que Catherine de France épouserait Henri V, et qu'après la mort de Charles VI, *la couronne de France passerait à Henri V,* qui prit, dès lors, le titre de régent et d'héritier du royaume. Cette Catherine. après la mort de Henri V, se remaria à Owen Tider, de qui elle eut Edmond, comte de Richemond, père de Henri VIII. Depuis, le traité de Troyes, fait entre les deux rois, jusqu'au décès du roi de France, Charles VI. Le chancelier le Clerc faisait mettre au dessous des lettres qui s'expédiaient dans la chancellerie, ces mots : « PAR LE ROI, A LA RELATION DU ROI D'ANGLETERRE, HÉRITIER ET RÉGENT EN FRANCE.

» Lit de justice tenu le 23 décembre par des juges vendus à Henri V, où les coupables de l'assassinat de Jean-sans-Peur, duc de Bourgogne, sont déclarés criminels de lèze-majesté, et par conséquent indignes de toutes successions : le roi, dans cette déclaration, en parlant du *roi d'Angleterre,* le qualifie SON TRÈS-AMÉ FILS HÉRITIER ET RÉGENT DU ROYAUME, au lieu qu'en parlant de son propre fils, seul et unique héritier de la couronne, il ne le nomme que CHARLES, SOI-DISANT DAUPHIN......

» Henri V meurt à Vincennes le 31 août 1422, âgé de trente-six ans ; il laisse la régence de la France à son frère, le duc de Betfort, et la régence de l'Angleterre à son cadet, le duc de Glocestre. Charles VI le suivit de près ; sa mort sauva la France, comme celle de Jean-sans-Terre avait sauvé l'Angleterre. Quand on considère ces tems malheureux, on *ne saurait comprendre l'aveuglement des peuples; ils abandonnent sans le moindre murmure les lois fondamentales de l'état à la fureur d'une reine déshonorée et à l'imbécillité d'un roi sans volonté,* tandis que dans d'autres tems ils s'opposent avec véhémence à des dispositions sages, et qui sont faites pour les rendre heureux. Anne d'Autriche est l'objet de la haine des Parisiens, et Isabelle de Bavière l'est de leur confiance. *On consent à devenir sujet d'un roi d'Angleterre, et on refuse de reconnaître Henri IV.* »

turbulente seconde femme d'Henri IV, Marie de Médicis ;—
les deux horribles Jeannes de Naples, qui changeaient d'a-
mans et même de maris, comme Henri VIII de femmes, et
les causes, on peut le dire, de tous les schismes et de toutes
les horreurs de l'Italie durant deux siècles ; — Elisabeth
d'Angleterre, dont l'histoire, selon Voltaire lui-même, est
écrite de sang ; — Marie-Stuart, l'infortunée ; — la reine
Marie ; — Christine de Suède elle-même, juge et bourreau
chez elle..., fors sa conversion ; — les deux Catherines de
Russie, l'une passée, de soldat en soldat, à Pierre-le-Grand,
qui *lui sacrifia* son fils unique du premier lit ; l'autre, con-
jugicide, etc. !

Les Gouvernantes des Pays-Bas, si vertueuses, si coura-
geuses, femmes fortes, mais femmes pourtant, n'en perdi-
rent que mieux les Pays-Bas, que le duc d'Albe, seul
homme par excellence, mais homme *, pouvait sauver. Et
voilà l'une des causes réelles de l'état précaire de ce beau
pays, qui appartenait de droit naturel à la France, et qui
est toujours la proie du premier venu.

Les maîtresses en titre de rois, qui sont les rois réels, sont
bien autrement funestes et même cruelles : — et les maîtresses du Régent, et ses quatre filles ; — et la Pompadour
et la du Barry, préludèrent évidemment à la philosophie
et à la révolution. — La seule des Ursins, sans Louis XIV,
perdait la cause des Bourbons d'Espagne, par son Albéroni.

Aussi les femmes-rois n'ont-elles jamais d'héritiers-
leurs : — Didon travailla pour les 3 Scipions ; — Cléopâtre,
pour Auguste et Attila ;—Zénobie, reine de Palmire, pour
Aurélien ; — les impératrices de Constantinople, pour Ma-
homet II ; — les reines et les maîtresses des rois de Polo-
logne, pour les Russes ** ; — Catherine de Russie, pour

* *Summus homo, homo tamen.*
** L'histoire de Pologne et la simple connaissance des mœurs de la

Voltaire ; — Mme de Maintenon, pour le Régent * ; — la marquise de Spino, la *Maintenon* de Victor - Amédée ; Marie-Thérèse elle-même : pour Joseph II et la république française ; — Marie-Louise d'Espagne, éprise de Godoy, le *Prince de la Paix*, le *Duc de la Victoire* de l'époque **, pour Bonaparte ; — Charlotte de Portugal, trente ans comme reine ou dominante, et gémissant de l'être, pour deux ou trois révolutions qu'elle voulait prévenir ; — Marie-Christine et Carlotta d'Espagne, pour Espartero et l'Angleterre, qu'elles ne prévoyaient nullement.

Victoria travaille déjà supérieurement pour les possessions anglaises des Indes et même pour les républiques d'Amérique ; — elle travaillerait volontiers pour celle d'Espagne. Et, en vérité, il fallait le gouvernement et la légèreté d'une femme, pour faire, dans une cour, une réception officielle et

---

Pologne actuelle font foi de l'omnipotence du sexe même dans les affaires de ce malheureux pays.

* Dans la France nouvelle, l'esprit monarchique est plus apparent que réel. Exclues du trône et oubliées dans nos chartes et dans nos chambres, les femmes se vengent ailleurs. Elles *font* déjà *la loi* à l'Académie (la baronne Dudevant) ; au Palais-de-Justice (la Lafarge) ; et jusques dans les palais royaux, et même Bourbons (la Feuchères) ! ! !

On a remarqué, et moi je trouve naturel, que tous les parvenus de la révolution de juillet, et même de la Restauration, avaient préalablement des femmes, et qu'ils avaient moins de talent oratoire ou actif qu'elles de beauté ou d'esprit : Mesdames... *de Dino, Flahaut, Broglie, Guizot, Soult, Barthe, Dosne, Lehon, Lamartine, Girardin,* etc., et à leur tête, Mlle *Adélaïde d'Orléans.*

Il ne m'appartient pas de songer aux hommes qui sont parvenus par les femmes des autres.

** C'est elle qui, Roi par le fait (elle entrait et présidait au conseil), à la mort de son beau-père en 1788, et ayant déjà perdu plusieurs enfans mâles, essaya la révocation de la Loi Salique ou *Cognatique* en 89.

La Providence, qui semble avoir voulu la punir par où elle péchait, lui fit *perdre*, en couches, viables ou vivans, et plus ou moins âgés, jusqu'à 22 enfans ! — La malheureuse Reine Anne n'en perdit que 17.

même officieuse à un homme qui venait de se mettre *au ban
des Nations*, par la réalisation de la célèbre prophétie de
Leïbnitz : « Il y a des hommes, qui, pour satisfaire leur ambition, mettraient le feu aux quatre coins du monde, et j'en
ai connu de cette trempe. »

Ecoutez une de ces femmes sur l'autre, dans une *lettre*
datée de Paris, le 27 avril 1842, et qu'on n'aurait pu inven-
ter que parce qu'elle était vraie :

« *Elle jouait en Espagne le rôle qu'avait joué Philippe-
Egalité, en France, en d'autres tems*, pensant arriver au
trône en se faisant la complice de la démagogie... L'anarchie, la licence, rien n'arrêtait Charlotte, et toute voie qui
semblait devoir la conduire au pouvoir suprême lui paraissait bonne et digne d'elle, dût-elle ne marcher que sur des
ruines, et dût son pied glisser dans le sang.

» Le dernier acte de sa conduite ne couronne-t-il pas
bien toutes ses erreurs ? Lorsque Espartero m'éloignait bru-
talement d'Espagne, de quel parti s'est déclarée Charlotte ?
Du parti d'Espartero. Elle n'a pas perdu un seul instant
pour s'incliner devant sa nouvelle puissance ; elle a accepté
pour toi la tutelle du révolutionnaire Arguelles, ayant perdu
l'espoir de l'obtenir pour elle-même. Aujourd'hui, elle ex-
pose elle-même son mari à être tutoyé par Espartero, et
elle souffre les insolences de l'avocat jacobin dont on a fait
son tuteur, et les dédains de la veuve du général qui, en
1823, a conduit le roi ton père aux marches de l'échafaud
où monta Louis XVI.

» Voilà, ma fille, ce qu'il faudra que tu aies présent à la
pensée lorsque ta tante Charlotte viendra, lorsqu'elle cher-
chera à s'insinuer dans ta confiance pour en abuser, lorsqu'elle te demandera une affection dont elle est indigne.
Oh ! puisse alors le lit de mort de ton père, dont elle a osé
assiéger l'agonie, se dresser entre elle et toi ; puisse le sou-

venir de ton oncle don Carlos, dont elle a causé tous les malheurs, être présent à ta pensée !

» Rappelle-toi, ma fille, que *ton père, ta mère, ton oncle, ta famille entière ont eu à se plaindre de cette femme perfide. Elle a vendu tous ceux qu'elle devait* chérir ; elle est le fléau de ta maison. Dieu te garde, ma fille, de ce mauvais génie ! »

Une femme, une mère, une reine-mère qui a écrit cela, et qui, ne l'eût-elle pas écrit, *l'a pensé,* une mère que nous avons vue plusieurs fois, agenouillée, et des heures agenouillée, à l'autel de *Notre-Dame-des-Victoires* de Paris, dans la dernière semaine de juillet 1843, lorsque s'opérait, sans coup férir, la chute de l'usurpation dont elle était la cause....., une telle femme, une telle mère, devra un jour se trouver bien heureuse et bien fière, de voir reine légitime et réelle..... sa fille.

Nous avons dit ou supposé bien des passions, et bien du mal, dans les femmes-*rois* ou *dominantes ?*..... Nous en supposons, nous en pensons encore plus dans les hommes qui les ont laissées se faire ou qui les ont faites cela. Et j'ai toujours admiré, exclusivement, dans le poëme du *Mérite des femmes,* le beau vers sur le beau sexe :

Ses vertus sont de lui, ses vices sont de nous.

Jamais, non jamais, la femme n'a pris l'*initiative* dans une erreur, dans un vice, et dans un crime quelconques.

Quoi qu'il en soit, Isabelle, si elle était un moment *roi,* autrement que *pour rire,* engendrerait, nous osons le dire et le prédire, dans le royaume le plus catholique de l'univers, la république la plus impie... *Quod omen avertant !*
Elle se trouverait, à son tour, et pour elle-même, sous

le poids de l'annonce terrible que nous avons faite, d'après l'*Histoire de la Révolution* de M. Thiers, et qu'on a vue se réaliser à la lettre, comme *Loi de la Providence* des familles usurpatrices, le 13 *juillet* 1842 : « Toute usurpa-
» tion a un cruel retour, et l'usurpation devrait y songer,
» du moins pour *ses enfans*, qui presque toujours en por-
» tent la peine. »

Au contraire, Isabelle, épouse d'un Roi, sauverait à la fois l'Espagne, le Portugal, la France et la Chrétienté peut-être.

Elle pourrait, ou plutôt on pourrait se rappeler et rappeler pour elle à l'Espagne, les beaux jours de *Ferdinand* et d'*Isabelle*, lesquels unirent déjà leurs deux patrimoines, leurs deux partis, leurs deux histoires, leurs deux vies, leurs deux *noms*, disons-le, leurs deux *amours-propres*, leurs deux cœurs, pour faire, de leur patrie divisée, une grande patrie unique et triomphante de tous et de tout.

Une patrie qui faisait dire à Philippe II : « Nous devons tout a Ferdinand et a Isabelle. »

(Car on n'a jamais dit : *Isabelle et Ferdinand.*)

Isabelle la grande, elle-même, toute héritière légitime et *unique* de Castille qu'elle était, commença par devoir, contre sa nièce Jeanne sa rivale, la victoire de sa succession à Ferdinand son époux.

Seule ou *Roi*, elle n'eût jamais chassé ou détruit les inextinguibles Maures, triomphé du Portugal, conquis la Navarre, les états de Naples et jusqu'à l'Afrique, et enfin tout un monde nouveau. Car c'est Ferdinand seul, assisté de Gonsalve de Cordoue, ou appréciateur de Christophe Colomb, qui seul a fait tout cela. La grande Isabelle, ou plutôt l'Isabelle grandie par Ferdinand, n'eût pas même régné en apparence.

Au milieu d'un pays toujours à la veille ou au lendemain d'une révolution, depuis plus de cinquante années ; — entourée d'ennemis privés ou publics, au dedans et au dehors ; — et de pays, eux-mêmes, à la veille ou au lendemain de révolutions, tels que le Portugal, la France, la Belgique, l'Angleterre (où je ne voudrais que le *nom* de la reine *Victoria,* comme je n'ai eu besoin que de celui du duc *de la Victoire* infligé par la Providence à un *Espartero* [*il est par terre* *], pour annoncer leur défaite) ; — ...... avec sa mère, avec sa tante, avec tel ou tel de ses oncles, avec ses cousins, et, surtout, avec ses prétendus ou prétendans d'ancienne date ou de nouvelle, cherchant,

> A qui dévorera son règne d'un moment. (CORNEILLE.)

Au milieu des sept balles régicides, autant qu'il est en elles, du dernier venu de ses *sauveurs ;*

Au XIXe siècle principalement ;

Isabelle surtout avec un *duc d'Aumale :*

> Que voudriez-vous qu'elle fît?. . . . .

Si encore c'était *Nemours !* il est du moins un peu sur la *voie royale,* celui-là !

La branche d'Orléans est par trop heureuse, pour une cadette.... et par trop malheureuse, pour ne pas *faire* par trop *envie* ou *pitié.*

---

* Il avait choisi pour *Alter Ego* à la porte des villes une sorte de *Vandale* (Van Halen), et pour *Argus* aux Tuileries de Madrid un autre *gueux,* nommé précisément *Arguelles !* — dignes *homonymes* des *Maroto,* des *Arizaga,* des *Iturbe,* des *Mina,* des *Ferrer,* des *Rodil,* des *Mendizabal,* des *Zurbano,* des *Nogueras* (l'assassin de la.... mère de Cabrera), — des *Maraco,* nommé *régent* à la place d'Espartero par une junte du mois d'octobre, — des *Toreno* (le pire de tous, comme *Aguado,* frappé de mort à la minute où il allait *courir sus* les *finances,* qu'il avait épuisées déjà !)

Il ne manquerait plus ici pour tomber de *haut* et *mal,* ou, comme dit le proverbe, *de fièvre en chaud mal,* que le duc d'Aumale !

(L'Anglais est méchant, le *Français* n'est que *malin.*)

Elle peut, ce semble, se contenter de la France et de la Belgique, et d'une éventualité Brésilienne....; elle le doit, ne fût-ce que comme moyen, *sine quá non,* de conserver la France, et même de se conserver.....

Le Régent Louis-Philippe est trop suspect d'en avoir voulu à la Couronne d'Espagne, en 1725....

Les *Napoléons de la paix,* encore mieux que ceux de la guerre, doivent savoir s'arrêter dans leurs conquêtes, car ils n'ont pas précisément la gloire pour se sauver.

L'Espagne, qui fut si fatale à ceux-ci, le serait bien autrement aux autres; et le même homme qui voulait *qu'avant dix années sa dynastie* de trois jours *fût la plus ancienne de l'Europe,* et qui voulut élever le plus odieux de ses frères jusqu'au trône de Madrid, mourut sur un *rocher* à l'autre extrémité du monde, sous la geôle du *Louvel* anglais (*Lowe*), pour n'avoir plus un jour d'émule que *le duc d'Orléans,* d'historien que *Thiers,* et de tombe qu'aux *Invalides !*

Un Français monta une fois sur le trône de Ferdinand, de Charles-Quint et de Philippe II. — Mais c'était un fils de France, le duc d'Anjou, un petit-fils de Louis XIV; — le frère de ce *Duc de Bourgogne,* dont les *vertus* sont les plus belles pages de l'histoire de France, et qui devait si tôt mourir, ainsi que son père, et presque toute sa famille, la veille d'une Régence à laquelle *les pieds* ne *glissèrent* pas *dans le sang;* — le disciple bien-aimé de Montausier et de Fénelon; — un fils presque unique; — un fils d'Europe, presque autant que de France; — un fils surtout de Charles-Quint par son auguste et Espagnole mère, Marie-Thérèse d'Espagne, vertueuse épouse de Louis XIV; — ayant pour lui le testament d'un Charles II, dont la douceur et la piété étaient angéliques; — Epoux d'une *Marie-*

Louise de France, morte à la fleur de l'âge et chère à l'Espagne ; — l'ami, à la vie à la mort, de Louis-le-Grand, auquel il vouait comme un culte. — L'Espagne n'avait nul rejeton de sa maison d'Autriche. — Le nouveau roi fut, tout d'abord, reconnu par l'Angleterre, par la Hollande, par le Portugal, par la Savoie, etc. — Il avait, pour le soutenir et le légitimer, les trois plus illustres généraux français du tems : le duc de Vendôme, Villars, Berwick.

Le duc d'Anjou était chéri de toute l'Espagne, dès avant d'y venir ; il le fut bien autrement lorsqu'il y fut.

Ecoutons M. de Billing lui-même, qui n'est pas suspect :

« Philippe V ne monta donc pas sur le trône d'Espagne » comme conquérant, car il était déjà reconnu depuis long- » tems par la nation espagnole, lorsque l'archiduc Charles » tenta de lui ravir la couronne par les armes, et *ce fut la* » *nation espagnole qui, par de sanglans sacrifices et d'hé-* » *roïques efforts, défendit les droits de Philippe V contre* » *presque toutes les puissances européennes...* Philippe V » ne fut pas non plus le fondateur d'une nouvelle dynastie : » il monta sur le trône comme héritier cognatique.

» Ce ne fut qu'en 1712 que les négociations furent re- » prises d'abord à Londres et ensuite à Utrecht, à l'effet » de décider définitivement la question de la succession es- » pagnole. A cette époque, le 3 juillet 1712, Philippe V » ayant réuni ses ministres à Madrid, leur déclara que, » forcé jusqu'alors de garder le silence sur plusieurs points » relatifs à la guerre, il pensait que le moment était venu » de reconnaître que la base la plus avantageuse des négo- » ciations pour la paix et le maintien de l'intégrité de la » monarchie, était sa renonciation à tous les droits qu'il » pouvait avoir à la couronne de France. Il déclara que son » père lui avait vivement recommandé de donner dans » l'éventualité la préférence à la couronne de France, mais

» *que rien n'avait pu ébranler la reconnaissance inalté-*
» *rable dont il se sentait pénétré envers ses chers Espa-*
» *gnols.*

» Peu de jours après qu'on eut fait connaître cette nou-
» velle base de la paix générale, le 8 juillet 1712, Phi-
« lippe V rendit un décret que l'on promulgua dans toute
« l'étendue de la monarchie ; il y déclarait que la crainte
» de voir la couronne de France et celle d'Espagne réunies
» sur une même tête, avait été la cause principale de la
» guerre ; que, pour éviter cette réunion, on avait décidé
» à Utrecht que lui, Philippe V, et tous ses descendans,
» devaient renoncer, une fois pour toutes, à la couronne de
» France ou à la couronne d'Espagne, de sorte que, s'il
» conservait la couronne d'Espagne, aucun de ses descen-
» dans ne pourrait jamais arriver à la couronne de France,
» et qu'*aucun Prince Français ne posséderait jamais le*
» *trône d'Espagne.* » Je n'ai jamais hésité un seul instant,
» continuait le roi ; ma résolution a toujours été de vivre et
« de mourir avec mes chers et fidèles Espagnols. » (DUMONT,
Corps diplomatique.)

Mais comment M. le baron de Billing, qui rappelle de
pareils faits de légitimité, a-t-il osé leur comparer des faits
si contraires, et mettre un duc d'Anjou en présence d'un
duc d'Aumale ? Comment surtout a-t-il osé mettre pour
épigraphe massacrante à son livre, le terrible :

Discite justitiam moniti, et non temnere Divos?

La cause du duc d'Anjou était assez belle.

Et, toutefois, Madrid fut prise et reprise au duc d'Anjou,
obligé de fuir de ville en ville ; — le royaume de Naples et
la Sardaigne furent détachés de sa couronne ; — Barcelone,
entre autres, soutint contre lui un siége égal à celui de

Saragosse. — La bataille de Saragosse, de Villaviciosa, de Talaveyra, de Denain, etc. ; — la conquête de Naples, etc., couvrirent l'Espagne, la France et l'Italie de sang, encore plus que de lauriers. — En 1724 encore, il crut utile d'abdiquer le trône, abandonné quelques mois après par un fils mort à la fleur de l'âge, auquel il fut forcé de succéder.... — Et il vit son magnifique palais de Madrid, tout entier, et toutes les archives de la couronne, réduits en cendres devant lui !

Et quels ne furent pas ensuite, et pendant un demi-siècle, les embarras du Gouvernement, les jalousies entre les Français inévitables et les Espagnols ?

Dès le principe, le si *grand*-père du duc d'Anjou lui disait, dans ses célèbres *Conseils secrets*, écrits de sa main, tremblante apparemment : « Tâchez que vos vice-
» rois et vos gouverneurs soient toujours Espagnols. —
» N'ayez de commerce avec la reine-douairière que celui
» dont vous ne pouvez vous dispenser ; faites en sorte qu'elle
» quitte Madrid et qu'elle ne sorte pas d'Espagne. En quel-
» que lieu qu'elle soit, observez sa conduite, et empêchez
» qu'elle ne se mêle d'aucune affaire. Ayez pour suspects
» ceux qui auront trop de commerce avec elle !!! »

Comme et mieux que Henri IV, Philippe V

...... Fut de ses sujets le *vainqueur* et le père.

Aussi grand que son grand-père dans la guerre et dans la paix, dans la prospérité et dans le malheur, il mérita, par la grâce de Dieu et par celle des hommes, de régner à lui seul presque toute la moitié d'un siècle !

Son caractère dominant, unique, était la tendresse pour ses sujets..., auxquels il sacrifia depuis (et malgré les prières incessantes de Louis XIV) jusqu'à la Couronne de France!

Son fils aîné, Ferdinand VI, fut surnommé le *Sage*, et le *Restaurateur des finances d'Espagne*, contre les menées de l'Angleterre.

Don Carlos, son second fils, élevé d'abord à la couronne de Parme, s'en était montré digne avant de la porter, par la conquête hardie et personnelle de l'Italie, qu'il remplit de sa gloire. Devenu roi d'Espagne, sous le nom de Charles III, vainqueur des Anglais, protecteur de l'agriculture, du commerce, de la marine et des beaux-arts, vertueux jusqu'à l'austérité, il eut la gloire de renouveler en Espagne le règne de Louis XIII et le siècle de Louis XIV, évanouis en France, et de mourir en 1788, précisément lorsque la France allait mourir, laissant un fils, dont les combats et les courages rappelèrent, plus d'une fois, ceux de Louis XVI contre la Convention, et jusqu'à ceux de Pie VII contre Bonaparte!

Quels rapports, ou plutôt quels contrastes entre ces Bourbons par excellence *, et l'un des derniers *cadets* d'Orléans, dont le père n'est parvenu au trône de France qu'en reniant ou paraissant renier sa qualité de *cadet* de Bourbon, et demandant le trône d'Espagne pour son fils, en se prévalant surtout de la qualité de *Bourbon* qu'il a reniée pour lui-même **!....

---

* Voyez seulement la nouvelle et sage *Histoire des Bourbons d'Espagne*, par M. de Viollet.

** Ecoutons M. Dupin l'aîné sur la matière, dans sa publication intitulée : *Caractère légal et politique du nouvel Etablissement*, avec cette épigraphe : *Quoique Bourbon.* Novembre 1832:

« Si la naissance du duc d'Orléans a été un *heureux accident* (sic), elle n'a pas été la source d'*un droit*; il a été choisi, et ce fut dit en propres termes, NON COMME BOURBON, mais *quoique Bourbon.* Aussi, il n'a pas pris *les armes* dites *de France*, comme s'il en eût hérité; il ne s'est pas

La seule prétention d'un d'Orléans à la main de la sœur de la frêle Isabelle..... pourrait être plus hardie, plus perfide, et plus usurpatrice, que celle de la main d'Isabelle elle-même.....

En vérité, Louis-Philippe n'y a pas pensé ; et la France surtout et l'Espagne n'y penseraient pas.

Le seul trône qui puisse honorer le duc d'Aumale, et qu'il soit capable d'honorer, après le maréchal de Bourmont, c'est celui d'*Alger ;* la seule couronne qu'il lui soit donné d'envier sans usurpation, et de porter avec légitimité, cadet qu'il est, est celle d'Abd-el-Kader.

Le duc d'Aumale, tout Français qu'il est, élevé au bruit des idées philosophiques, et à côté des trônes improvisés du jour, est, pour l'Espagne royaliste, susceptible, religieuse, catholique, monastique, un ambitieux étranger. Il peut sembler un étranger pire encore. Or, écoutez qualifier ici les simples étrangers par un *Voyageur* qui n'est pas suspect à la branche cadette de France, dont il fut l'*aide-de-camp :* « L'Espagnol, le Castillan surtout, défiant,
» silencieux, rêveur, jaloux à l'excès, abhorre les socié-
» tés bruyantes, redoute les connaissances nouvelles, et
» CRAINT LES ÉTRANGERS COMME LE FEU. Un voya-
» geur, chargé de lettres, doit s'attendre, tout au plus, à
» quelques *refrescos* ou dîners. Les Espagnols adressent ra-
» rement la parole à un étranger ; si on leur parle français,
» ils vous rient au nez parce qu'ils ne vous entendent pas ;
» si on leur parle espagnol, ils rient encore, parce qu'ils
» entendent mal. »

Les autres *prétendans* d'Isabelle ?

Il en est juste trois que l'on pourrait nommer.

intitulé Philippe VIII, comme s'il eût été la continuation de l'autre dynastie. En lui, *tout* a commencé *à titre nouvel,* » comme dit un avocat,

Car la condition *sine quâ non*, là, c'est d'être Bourbon et catholique, et M. Dupin, lui-même, n'oserait pas plus répéter sans rire son *quoique,* que les Anglais proposer sérieusement leur dernier *Cobourg* [*].

..... Les Cobourgs, même catholiques, sont encore plus suspects de luthérianisme que les Cobourgs de Bruxelles ne le sont de catholicisme.

Il y a des races-caricatures de royauté, qui semblent par trop aisément se faire tout à tout, pour n'être pas suspectes de politique, et même de judaïsme dans leur foi.

Ces races-là se souffrent à Londres, où tout est, et surtout la religion, marchand, cupide et même vénal; — à Bruxelles (je ne dis pas aux Flandres et même en Belgique), ville échappée, tour à tour, aux monarchies d'Autriche et d'Espagne, à la *république française* et aux *Provinces-Unies* de Hollande, toujours mécontente d'elle ou des autres, et qui veut avoir, elle aussi, un *roi,* sauf à n'avoir rien; — à Lisbonne (pas en Portugal), autre antique échappée de l'Espagne, affaiblie et châtiée de ses divisions.

Elles vont surtout aux petites principautés allemandes, c'est-à-dire aux préfectures autrichiennes.

La France, pleine d'égoïsme et de fierté, même dans sa décadence, leur laisse à peine l'entrée dans ses *palais royaux* du second ordre, et l'aise sur les marches de son trône et de sa *régence* subsidiaire.

La Russie (qui a glissé le premier à la cour d'Angleterre comme pour humilier cette cour), leur a préféré pour elle un rejeton factice de Bonaparte.

Il n'est pas jusqu'au simple propriétaire de la Pologne russe (M. Tiskiewies), qui n'ait refusé un *Cobourg!*

L'Espagne catholique, l'Espagne orgueilleuse, l'Espagne

---

[*] Celui *de Cujus*, Léopold de Cobourg-Cohary, est le *cadet* (né en 1824) du mari de la princesse Clémentine d'Orléans.

surtout préoccupée de la longue suite de ses passions diverses, de ses fautes, de ses ingratitudes, par trop expiées,
l'Espagne se trouve abaissée, se révolte déjà, à la seule idée
de la prétention *cobourgienne :* c'est pour elle le *coup de
pied de l'âne* au vieux lion. — Le petit nombre d'aban-
donnés de tous les grands partis qui se prêteraient, qui se
vendraient à l'Angleterre pour l'y laisser venir, fùt-ce au
prix de mille reines de leur sang..., eux-mêmes ne l'y lais-
seraient pas l'*an et jour.*

Une autre condition, *sine quâ non,* est encore la dignité historique, et, disons-le, la royauté de la famille du
prétendant.

Mais les meilleurs Cobourgs auraient-ils cessé d'être les
derniers *princiers* de l'Allemagne, où il y a presque autant
de princes que de bourgs ? — Ce sont des générations, des
branches aînées et cadettes à n'en plus finir.....

Les titres modernes sur lesquels ils se fonderaient le plus
ne sont pas glorieux, car ils supposent un double *laissé-
aller :* —l'acceptation des conditions qu'il plaît à leurs *électeurs* de faire,—et leur abandon aveugle et *constitutionnel*
aux volontés, et, par conséquent, aux caprices de leurs
femmes-rois.

MM. de Cobourg sont les princes, les souverains-nés
des royautés *écrites,* et les hommes *titulaires*-nés des
reines *titulaires.* Ils constituent simultanément les rois *par
la grâce de* la classe *bourgeoise ,* les *rois-citoyens;* — les
rois *fainéans* et *efféminés.* Ils sont, par surcroît, des
chambellans de première majesté, et si l'on veut, des souverains *au petit pied,* des dynasties *écuyères ,* et si nous
osons même le dire, des *doublures de rois.* (Et encore de
rois [quelquefois ce sont des ministres !] secondaires de
l'Europe : celui de Prusse, celui d'Autriche, celui de
France....)

Les rois ordinaires souffrent les *Cobourgs,* et surtout les *Cohari,* comme des *conjoints* de *cohue,* des souverains *au moule* et *à la douzaine,* des rois cosmopolites, à plus ou moins bon marché, au rabais, et souvent de rebut; — et, pour tout le monde, leurs royautés sont des royautés à titres précaires et de *pis-aller.*

Et puis, comme nos d'Orléans, les Cobourgs ne seraient-ils pas assez heureux? et ne serait-ce point déjà trop pour eux, et pour les autres, peuples et rois, que *les côtés* de trônes, en Angleterre, en Portugal, en Belgique, et surtout à Paris?

Toutes les sortes de Cobourgs, et surtout les Cobourgs vraiment aristocratiques, n'ont pas même le mérite de l'usurpation....., faute d'avoir l'art des complots.

Un Cobourg *jurerait* à Aranjuez ou à l'Escurial, et le fils d'une race chevaline sur les trônes d'or de Ferdinand, de Charles-Quint, de Philippe II et du fils chéri de Louis XIV.

Ce serait Espartero, avec le sang espagnol et quelques petites *victoires* innocentes de moins, ou, si l'on veut, un d'Orléans, à part le sang français.....

Mgr le Duc de Bordeaux? Il est par trop Bourbon, celui-là, par trop Henri de France, par trop roi, par trop le cousin, l'ami né, le compagnon d'infortunes et de destinées du Prince des Asturies; par trop *l'Enfant de l'Europe, l'Elu et le Donné de Dieu,* son *cas réservé,* et la dernière raison, l'*Ultima ratio* de ses propres cousins, si jamais, selon la prévision des enfans ou des patrons du *siècle* *, ils venaient à faillir, comme leur aîné, qu'on croyait et qui se croyait si infaillible ! (Leurs *trois générations* manquent de le faire ensemble, à Eu, au moment où nous écrivons.)

---

* M. Odilon Barrot : *Filii Sœculi prudentiores filiis lucis in generatione suâ.* (S. Luc., 16.)

Savez-vous ce que serait Mgr le Duc de Bordeaux à Madrid?... Mgr le Duc d'Orléans, ni plus ni moins, aux Tuileries!

Si le vertueux et magnanime Cousin du Prince des Asturies *délibérait* seulement sur la proposition d'une alliance avec Isabelle....., il mettrait en colère la Providence des Bourbons.

S'il l'acceptait, il ferait mentir Dieu lui-même.

Et il serait, le lendemain peut-être, un *casus belli* de la part de la France nouvelle et momentanée qui penserait la veille en triompher à jamais ; — de la part de l'Angleterre même, qui l'eût souffert comme *pomme de discorde* entre ses deux ennemies... ; — de la part surtout de l'Espagne, qui eût voulu le voir comme *nouveauté*, et qui n'aurait pour lui, apparemment, ni ses *Christinos* résurgés, ni ses *Espartéristes* abattus, ni ses *Ayacuchos* menaçans, ni ses *Royalistes* de France et d'Espagne indignés.....

Et les Bourbons et les d'Orléans, et les branches cadettes et surtout les aînées, *auraient* à jamais *été*.

Mais, soyez-en sûrs, tous tant que vous êtes, Peuples et Rois, *ils seront;* et Mgr le Duc de Bordeaux restera, aussi grand, aussi Roi dans l'exil (On le dirait... roi d'Angleterre au mois de novembre 1843), qu'il serait petit, précaire et sujet à côté du trône en question ,.... il restera à la Garde de Dieu,

> A sa *Garde, qui veille aux barrières du Louvre,*

Et du *Palais royal,* par surcroît.

Le *Duc de Cadix?*

Innocent qu'il doit être, innocent qu'il est encore, sage même déjà, si sage il était, comme il est donné à un Bourbon (même apparent) d'Espagne de l'être : car,

> .... Aux ames bien nées,
> La vertu n'attend pas le nombre des années.

Il ne voudrait pas ajouter une jeune faute à la vieille des auteurs de ses jours *, ajouter un cuisant repentir à leur repentir, une sorte de suicide moral au leur.

Il peut sentir, dès à présent, que sa vertueuse, que sa courageuse résistance au *regni sacra fames* de sa mère et de son père pourrait, toute seule, effacer cette *faim sacrilége.*

On ne connaît pas encore en Espagne, on ne connaîtra jamais, de branche royale, héréditairement, solidairement, antiquement, immortellement envieuse, haîneuse, coupable ; perfide !

Le fils de l'infant Ferdinand-*Balthasar,* duc de Lucques !

Autre petite *épée de Damoclès* suspendue sur l'Espagne ! Il est trop bien né, trop bien conseillé, il est trop légitime, c'est-à-dire trop bien en Italie , pour consentir à la quitter.
— La *position* fait les hommes, et surtout les jeunes princes, bien autrement que leur naissance, et même que leur caractère ; et un ange de sagesse , de légitimité ailleurs, et à sa place, peut se trouver un démon à côté de sa place. — Il apporterait trop d'enfance et trop peu de dot, et il serait lui-même une violation de l'éternelle et fondamentale Loi Salique proclamée par son aïeul pour et contre lui, en protestant contre l'atteinte qu'on voulait lui porter en Espagne en 89.

Le duc de Lucques est pour l'Espagne un étranger.

Il ressemblerait par trop à un parvenu.

---

* Nous ne voudrions que ces lignes de la fameuse loi, ou plutôt du décret des *Siete Partidas*, invoqué par l'infante Carlotta, pour condamner son fils, en la condamnant elle-même : « En l'absence d'un fils, ce sera » *le plus proche parent* qui montera sur le trône, S'IL N'A PAS COMMIS » D'ACTION QUI DOIVE LUI EN FAIRE PERDRE LE DROIT. » (Voyez l'*Essai sur la Succession d'Espagne*, par le baron de Billing.)

Un, d'on ne sait combien de princillons *du second lit* autrichien des Deux-Siciles[*]? — Le comte de *Capoue*, qui a près de trois fois l'âge d'Isabelle ? — Le petit *Lecce ?* — Les plus petits encore, *Aquila* et *Trapani,* né le 13 août 1827 ?

Ils seraient également par trop pauvres, et même venus de trop loin. Ensuite, leur royal père a été le premier à protester ici contre le prétendu décret de Ferdinand VII au préjudice de la loi nationale et d'un digne et bien-aimé frère, ainsi que leur aïeul protesta contre le *décret* analogue de 1789.

Et puis, penseraient-ils faire oublier, effacer, et l'Espagne se fierait-elle à eux pour effacer (peut-être se feraient-ils *une conscience* de pardonner, et par conséquent de continuer) les maux que deux Princesses de leur sang ont faits à l'Espagne ?

Mais il est un bien autre obstacle, une bien autre condition d'inéligibilité, pour un prince de Sicile ou un duc de Lucques : c'est qu'il serait, sur le trône d'Espagne, seule-

---

[*] Il ne faudrait encore, pour écarter de la main d'Isabelle, et surtout du trône, tous ces prétendans-là, que le propre texte de la *Pragmatique* de Philippe V et des Cortès de 1713, lequel n'admet pour Roi qu'*un Prince né et élevé en Espagne*. Ecoutons l'historien fidèle et Espagnol des événemens, le Marquis de Saint-Philippe : « Les *Cortès* étaient encore assemblées à Madrid pour la renonciation du roi, dont on a parlé ; ce monarque crut cette occasion favorable **POUR ASSURER LE REPOS DE SES SUJETS ET L'ÉTAT DE SA POSTÉRITÉ.......** ; et, du consentement des villes assemblées en *Cortès*, du corps de la *noblesse* et du *clergé*, on établit un nouvel ordre de succession, qui excluait la princesse, quoique plus proche parente du roi régnant, dans tous les cas où il y aurait encore des descendans mâles du roi Philippe V, en ligne directe ou collatérale non interrompue : A CONDITION, CEPENDANT, QUE LE PRINCE QUI SUCCÉDERAIT SERAIT NÉ ET ÉLEVÉ EN ESPAGNE, la couronne étant dévolue, à ce défaut, *à tout autre Prince Espagnol* plus proche parent du dernier roi, et, au défaut de princes espagnols, à la princesse la plus proche parente. On donna à cette constitution et à ces actes *force de loi,* et elle fut signée et publiée avec la plus grande solennité. »

ment à un moindre degré que le duc d'Aumale, une sorte d'usurpateur ; et la pire de toutes, et la plus odieuse, lorsqu'on y pense bien : celle de famille.

La pire de toutes? car elle est la plus colorée, la plus facile, la plus susceptible de tentation, et aussi la plus usitée dans les siècles et les sociétés en décadence.

La plus odieuse? car elle est la plus ingrate, la plus ambitieuse, la plus perfide, la plus criminelle.

Celle dont le Prince d'Orange a donné le premier exemple contre ses vertueux père et mère , en 1689.

Cette sorte d'usurpation *intérieure* participe du vol domestique et de l'impiété filiale, que les lois criminelles de toutes les nations flétrissent et punissent du double....

Il semble que les degrés du trône devraient suffire à la parenté du Roi : en ayant les honneurs, sans la responsabilité, et les roses sans les épines !....

Reste, ou plutôt est seul, exclusif, par sa propre nature, par sa position, l'Espagnol né *, le Bourbon pur, le futur Roi de *droit* et de *fait* par excellence, le *Prince des Asturies* **.

Le Prince des Asturies? C'est-à-dire : — le neveu de Ferdinand VII, qui rappelait, pour lui apparemment, en 1832, la Loi Salique qu'il paraissait avoir révoquée *** en

---

* « Il est assez *près* celui-là, et on va *en chercher au diable...* », a dit jusqu'à la cour de Louis-Philippe, à la réception du jeudi 28 juillet, un ambassadeur que nous n'osons nommer.

** C'est le titre avec lequel Marie-Christine crut pouvoir frayer son élévation au trône par sa fille, le lendemain de sa naissance. Un décret du 13 octobre lui confère le titre de *princesse des Asturies :* « Attendu qu'elle était héritière du roi légitime, successeur de la couronne, tant que *Dieu* n'accorderait pas *un* enfant mâle à Sa Majesté. » *Dieu*, toujours plus généreux, en avait accordé *un*, deux, et jusqu'à quatre!

*** Cette révocation, fût-elle vraie, était nulle de plein droit.

« Voulez-vous, sur ce point, une autorité claire et sans réplique? Voici

1830 : cette antique Loi de la société européenne, — telle que les Francs, les Germains *, les Bourguignons, les Clovis, les Loys, les Louis (synonymes de Lois) l'ont fondée; — telle que Charlemagne, Charles-Quint et Louis-le-Grand l'ont confirmée; — telle que la *Grande Alliance,* la *Quadruple Alliance* de 1713, l'a consacrée par une *Pragmatique,* l'une des bases fondamentales du droit des gens moderne; — telle que l'Autriche, l'Angleterre, et surtout la France et l'Espagne, l'ont reconnue par les traités et les actes solennels et historiques de 1712, de 1713, de 1714, de 1725, etc. : l'Autriche, à condition de faire reconnaître sa *Pragmatique* pour Marie-Thérèse; — l'Angleterre, pour ne pas voir unis à jamais ses deux naturels et éternels ennemis, la France et l'Espagne (voir les *Mémoires* de Bolingbrocke, l'un des ministres du congrès d'Utrecht, *ad hoc*); — et la France, pour avoir les avantages de l'Espagne, sans ses inconvéniens; — telle que le duc d'Orléans, le grand-père des d'Orléans actuels, l'a reconnue lui-même, en déclarant, « *Pour lui et ses successeurs,* qu'ILS NE POURRAIENT JAMAIS OCCUPER LE TRONE D'ES-PAGNE * »; comme Philippe V, de son côté, avait déclaré,

celle de Bodin lui-même, au livre Iᵉʳ de sa *République :* « Quant aux lois
» qui concernent l'estat du royaume et l'establissement d'icelui, d'au-
» tant qu'elles sont annexées et unies avec la couronne, le prince n'y peut
» déroger, COMME EST LA LOI SALIQUE; et, quoiqu'il fasse, toujours
» le successeur peut casser ce qui aura été fait au préjudice des *lois royales,*
» et sur lesquelles est appuyée et fondée la majesté souveraine. »

* « C'est tout au plus si, chez ces peuples, la Reine-mère peut parvenir au gouvernement pendant la minorité du prince. Voyez mon *Histoire du Droit public d'Allemagne,* § 40. » (*Essai sur la Succession d'Espagne,* par le baron de Billing.)

** « La renonciation de Philippe V à la couronne de France et celles des ducs de Berry et d'Orléans à la couronne d'Espagne furent l'occasion d'une médaille frappée par ordre de Louis XIV, dans laquelle on voit la France et l'Espagne qui font un serment sur l'autel de la Paix. La légende

« pour lui et ses successeurs, qu'ils ne pourraient jamais occuper le trône de France » ; — telle que l'Espagne, en particulier, l'a confirmée plus impérativement pour elle par son adoption des Bourbons de France, dont elle était, on peut le dire, l'apanage ; — telle que la proclamait encore la France de 1789 par son ambassadeur à Madrid, conjointement avec les ambassadeurs de Naples, de Lucques, etc., contre la menace de la violer *, à l'époque la plus fatale aux peuples (encore plus qu'aux rois) des tems modernes.

Car, il ne faut pas l'oublier, il faut le redire, la Loi Salique en Espagne, depuis l'avènement de Philippe V, n'est pas seulement devenue une Loi d'ordre public et de salut, elle est encore une loi d'équité entre les Princes, qui, pour être Princes, n'en sont pas moins hommes et citoyens apparemment. — Nous ne voudrions, pour justifier les droits éminemment politiques de Charles V, que le *Droit civil* et le *Droit romain,* si révérés par cet Alphonse, l'auteur du simple décret dont se prévaut la reine Christine, dans le Code dit *des Sept Parties.* — Le duc d'Anjou, en renonçant à jamais à la plus belle couronne du monde, celle de la France, telle que venait de la faire Louis-le-Grand, et telle que la lui donnait la Loi Salique et Agnatique de

est : « *Saluti publicæ;* » et l'exergue : « *Regnandi jus mutuo sacramento remissum;* » (le droit de régner abandonné par un commun serment), 1713. »   (*M. le baron de Billing*, p. 181.)

* Cette loi subreptice, qui a rougi et fait rougir d'elle-même pendant un demi-siècle, ne s'est exhumée qu'à la faveur d'une mort...

M. le duc de Broglie a même reconnu formellement que l'*acte* en question, essayé par les Cortès présidées par le pauvre Campomanes, ou ne fut jamais *écrit*, ou fut supprimé par son auteur; car il a dit en pleine Chambre des Pairs, le 9 janvier 1837 : « La *junte...* de Séville établit *une enquête* solennelle sur l'*existence* et la *teneur* de cet acte, et les membres encore *vivans* des Cortès de 89 ont *unanimement* attesté les droits éventuels de la princesse du Brésil. »

France, a dû stipuler, au moins, cette même et salutaire loi pour la couronne d'Espagne; et précisément, elle lui était assez bien, assez expressément octroyée et par les précédens du pays, et par le testament de Charles II, et par les *Cortès*, qui mirent autant d'empressement à le reconnaître que Charles III à le désirer.

Et qu'on ne pense pas que nous parlions ici de nous-même et que nous faisions de la politique intuitive. L'un des plus grands hommes d'état de l'Espagne, contemporain des événemens, don Baccalar, marquis de Saint-Philippe, le sentait, et il porta le coup-d'œil jusqu'à *prédire* dans ses *Mémoires*, traduits en français, le mal que nous voyons aujourd'hui pour essayer seulement de violer un contrat synallagmatique : « La *Loi de Succession* était nécessaire » pour *valider* les renonciations du feu Roi catholique à la » Couronne de France. La postérité de ce prince serait lé- » sée si on la privait de l'espérance *invariable* et du droit » *imprescriptible* que lui donnait, en France, la Loi Sali- » que, pour ne lui laisser, en Espagne, qu'un droit *pré-* » *caire*, dont elle pourrait être frustrée *par le mariage* » *d'une fille du roi d'Espagne dans une maison étran-* » *gère.* » .....

Supposez le mariage d'Isabelle avec un étranger (et un prince de Lucques ou de Naples le serait ici mieux qu'un Cobourg), et Charles V, et le Prince des Asturies, ne se-raient pas même un jour, à Madrid,.... ce qu'ils sont en ce moment à Bourges.

. . . .

Le Cousin-germain d'Isabelle; — le frère aîné et bien-aimé d'un second Charles-Jean et d'un Ferdinand dignes de lui; — le Fils, surtout, de Charles V, ou de *Don Carlos* tout court, si vous voulez; — de ce Prince qui, lorsqu'il n'était qu'enfant, donna déjà la mesure de son héroïsme à Bonaparte, le tyran perfide de Charles IV et de Ferdinand VII, dont il avait déjà les actes d'abdication, en lui disant ces paroles auxquelles le tyran n'était pas accoutumé : « Vous pouvez bien me faire fusiller, mais vous n'aurez jamais ma renonciation aux droits que je tiens de ma naissance; »—de ce Roi du courage et de l'adversité, de ce Bourbon par excellence; — de cet époux fidèle de deux sœurs chéries, nous dirions volontiers des deux mères de trois enfans chéris : Marie de Portugal et Marie-Thérèse de Bourbon et de Bragance *, à laquelle on ne saurait comparer, dans les reines de ce siècle, que notre Marie-Thérèse de France.

Le Fils de ce Frère bien-aimé et bien aimant de Ferdinand VII, auquel il écrivit naguère ces paroles royales et touchantes : « Tu es mon souverain et mon maître, et de » plus mon frère aîné, mon frère bien-aimé, que j'ai tou- » jours eu le bonheur d'accompagner dans toutes ses infor- » tunes. Tu désires savoir si mon intention est de prêter » serment d'obéissance à ta fille ; avec quel plaisir n'aurais-je » pas voulu le faire ? Tu dois me croire, tu sais que je parle » toujours le langage du cœur ; mais ma conscience, mon » honneur et mes droits sont tellement légitimes que je ne » puis m'en séparer. Dieu me les donna le jour qu'il lui plut » de me faire naître, et Dieu seul peut me les ravir en t'ac- » cordant un enfant mâle, ce que je souhaite sincèrement, « et peut-être encore plus que toi. »

Le Fils de ce Charles V qui refusa d'être roi lorsqu'il avait un si beau jeu pour l'être** ;—qui, pour répondre au massacre

---

* Et ne dirait-on pas que la Providence des Bourbons d'Espagne ait inspiré, et peut-être prémédité pour elle, jusqu'au jour de la convocation des Cortès, appelées à reconnaître enfin le seul Roi possible : celui de Sainte-Thérèse, la patronne-née de l'Espagne et de ses reines ?

** L'ex-ministre Christino, Encima y Piedra, en convient dans son ouvrage, qui a pour titre : *Evénemens de Saint-Ildephonse :* « En honneur des prisonniers de guerre dans les prisons de Barcelone et de Valence, disait dans une proclamation : « CE SONT DES ACTIONS RÉVOLUTIONNAIRES ET DES EXEMPLES QU'IL NE FAUT JAMAIS IMITER. » — Et pour répondre aux ordres de *Zéa Bermudez* à *Rodil* de faire fusiller « *el mal aconsejado Principe* (le Prince mal conseillé) aussitôt qu'il parviendrait à s'en emparer; » lorsqu'il était, en 1837, aux portes de Madrid, au moment du triomphe, dictait, de son quartier-général d'Exulbe, à son Ministre de la guerre, cet ordre au général Zariategui : « S. M. veut aussi que je » vous recommande très-particulièrement, quoiqu'elle soit » persuadée que, même sans cette recommandation, vous » auriez la conduite qu'on doit attendre de votre zèle et de » votre naissance ; que, dans le cas où, par un heureux » hasard, la Reine deviendrait votre prisonnière, vous au- » riez à la traiter avec le respect le plus scrupuleux, et » comme la veuve de son auguste frère, que S. M. a aimé » avec la plus vive tendresse. Le Roi vous fait la même re- » commandation à l'égard des augustes filles de son frère, » que vous devez considérer comme des infantes d'Espagne » et comme ses nièces. Vous aurez à observer les mêmes » considérations à l'égard de S. A. S. l'infant don Francisco » et de tous les autres membres de la famille royale. Dans » le cas où ces augustes personnes se livreraient à vous, en » vous demandant votre protection, vous leur dispenserez » l'aide et le secours qui sont compatibles avec les circons- » tances, ainsi que l'escorte nécessaire si elles demandaient

» de la vérité, et pour justifier notre impartialité et bonne foi, il faut re- » connaître que ce qui sauva la dignité royale et prévint l'époque des » malheurs de la nation, ce fut l'honneur et la délicatesse de l'infant don » Carlos qui, ayant prêté serment de fidélité à son frère pendant sa vie, » ne voulut pas se séparer un moment de sa promesse, ni faire ce que ses » partisans lui conseillaient : car autrement, et une fois l'étendard levé, » il se serait emparé du pouvoir, etc., etc. »

» à être conduites devant S. M., et vous confierez le com-
» mandement de l'escorte à un officier-général de toute vo-
» tre confiance, en le rendant responsable non seulement
» de la sûreté des augustes personnes pendant le trajet,
» mais du respect et de l'affabilité avec laquelle elles de-
» vront être traitées ; toujours dans le cas où vous ne puis-
» siez pas venir. Si quelque membre de la famille royale
» vous demandait une escorte pour être conduit à un autre
» point qui ne soit pas celui occupé par S. M., vous vous
» refuserez à l'accorder d'une manière formelle mais res-
» pectueuse jusqu'à la résolution de S. M.

» Manuel M^ᵉ de Medina Verdes y Cabañas. »

Le Fils de ce Charles V, assez grand, s'il le fallait, pour
abdiquer en faveur de son Fils et de la fille..... de Marie-
Christine . . . .
. . . . Lui qu fut
Roi..., le 29 Septembre 1833.... : le Jour même que naquit
posthume, pour l'être, le dernier Rejeton des Bourbons de
France, à l'étonnement, à l'effroi des bourreaux de son
père, au ravissement des amis de Dieu et du Roi : — le jour
même du Vainqueur par excellence, du Patron-né du
Royaume *Très-Chrétien,* et surtout du Royaume *Très-Ca-
tholique,* le grand Saint Michel ! ! !

Car se pourrait-il que toutes ces merveilleuses coïnci-
dences ne soient que des hasards ?

Le Fils de Charles V, élevé à l'école du malheur, dont
les plus belles années viennent de se passer dans la France,
et, disons-le, dans le berceau de ses ancêtres ; non loin des
lieux * où Montesquieu écrivait le plus beau de ses mots

---

* L'archevêque actuel de Bourges s'intitule encore *Primat des Aqui-
taines.* Il avait un titre et une raison de plus pour traiter Charles V en Roi.

politiques, et, disons-le, français : « Il n'est rien de plus sacré, rien de plus grand, rien de plus digne qu'un Roi malheureux d'être Roi. »

Le fils de Charles V, qui, à vingt ans (le 21 février 1839), et lorsque la trahison pouvait encore être prévenue, entra au Conseil et dit à son Père : « Que Votre Majesté me permette de me rendre à l'armée, je lirai la proclamation de Votre Majesté aux volontaires, et, seul, je me fais fort d'arrêter le général Maroto. » Le duc de Grenade, ministre de la guerre, apporta un décret dans ce sens au Roi, qui refusa de le signer, trouvant le Prince trop jeune...... L'héroïsme, là, était des deux côtés.

Le Fils de Charles V à vingt-cinq ans, c'est-à-dire à l'âge humain et royal parfait.

Le Fils de Charles V, enfin, au plus heureux Nom * de l'histoire d'Espagne, et même de celles de France et d'Allemagne : *Charle*-Magne, *Charles*-Quint, *Charles-V*-le-Sage, et surtout, peut-être, ce Charles V de Lorraine qui eut toutes les gloires d'un Roi sans en porter la couronne...

Le nom seul de *Prince des Asturies,* magique en Espagne, et même dans toute l'Europe, c'est une royauté, une monarchie toute faite !

Si la simple *Noblesse oblige,* comment et à quoi n'obli-

---

* Lorsque les Anglais se furent emparés de Paris, un Charles se réfugia à Bourges, ce qui lui fit donner, par les Anglais sans doute, le dédaigneux sobriquet de *Roi de Bourges.* Mais cet humble *Roi de Bourges* chassa de France les orgueilleux Anglais, et mérita, par là, de l'histoire, le glorieux surnom de *Charles-le-Victorieux.*

Ce sont encore, en dernière analyse, les Anglais qu'il s'agit de chasser d'Espagne, et même de France; car eux seuls ont fait *tomber en quenouille* la couronne de l'une; et l'un d'eux a tiré le premier coup de feu sur celle de l'autre, le premier des trois jours de juillet !

Un autre Anglais a tiré la balle qui a tué Zumalacarregui.

gerait-elle point la plus haute royauté, la plus légitime royauté qu'il puisse y avoir, qu'il y ait jamais eu dans le monde?

Le mariage de Charles et d'Isabelle sera aujourd'hui, bien autrement que les *Négociations* avec l'Espagne sous Louis XIV, le *Pacte de famille* par excellence :

Car c'est lui seul qui rendra, sans coup férir, et par la seule force d'un principe, la paix, en même tems que la justice, à sa famille, à sa patrie naturelle, à sa patrie ac-cidentelle, la France,..... à l'Europe tout entière.

Lui seul qui verra en Espagne les proscrits se retrouver des *enfans,* qui ne furent *prodigues* que de leur sang.

Lui seul qui pourra proclamer et réaliser complètement, utilement, nécessairement, pour lui-même, sincèrement, ces beaux vers de l'antiquité à un souverain pacificateur : Tous le veulent, tous se repentent ; innocens et coupables, tous l'appellent :

> *Jam cuncti venisse volunt; scelerumque priorum*
> *Pœnitet : hoc tantis bellorum sidus in undis*
> *Sperant; hoc pariter justi sontesque precantur.*
> CLAUDIAN.

— et cette belle parole de Charles X, que Louis XVIII, pré-venu par les Doctrinaires, ne sut pas accomplir toujours : « Tout le monde a été coupable et nul ne l'a été ; » — et cette belle de Louis XIV au mariage du duc d'Anjou : *Il n'y a plus de Pyrénées;* — et cette autre parole de Louis-le-Grand, à propos précisément de la succession d'Espagne : « S'il nous faut faire la guerre, nous aimons mieux que ce soit à nos ennemis qu'à nos parens. »

Lui seul qui pourra donner lieu de dire, mieux que ne fit notre Henri IV, son aïeul ;

Qui par de longs malheurs apprit à gouverner,
Calma les factions, sut vaincre et *pardonner;*
Confondit et Mayenne et la Ligue et l'Ibère,
Et fut de ses sujets le *vainqueur* et le père...

Charles V et le Prince des Asturies, en cela d'accord, furent et seront encore les *Pères* seulement de leur patrie.

Espartero a bombardé Barcelone et Séville, il eût bombardé, s'il eût pu, Madrid elle-même, pour prolonger quelque peu son agonie *. — Tel autre (je ne dis pas celui qui les élève) bombarderait Paris des *forts détachés*....

Si Charles V avait voulu, en 1837, aller droit à Madrid, à tout prix, il ne serait point aujourd'hui à Bourges; comme Charles X n'avait qu'à laisser faire tel ou tel de ses Maréchaux fidèles, pour n'aller point à Goritz fermer les yeux.

Il est des défaites, des fuites apparentes ou réelles qui ne sont pas autre chose que des Victoires.

Il est des prisons, surtout, il est même des tombes, qui sont des pavois et des trônes. Lorsque François Ier, le roi hardi et *chevalier* par excellence, fut fait prisonnier à Pavie, non-seulement il n'y perdit rien, non plus que la France; ils y gagnèrent tous les deux, y ayant gagné l'*Honneur.*

* Espartero cruel, et cruel impuissant, est cupide et dilapidateur par surcroît. Tous les journaux ont dit : « Il a emporté 800 000 fr. avec lui; et il y a peu de tems on a parlé de 1,250,000 fr. placés en 5 p. 100 en France. » Les fonds anglais ne sont sans doute pas plus en défaut ici pour l'argent de l'agent anglais que la cour d'Angleterre pour sa personne.

« A la gloire de Charles V, dit la *France*, nous rappellerons que le Roi légitime est entré en France en 1834, allant en Espagne, avec 12,000 fr., et qu'il en est sorti en 1839 avec 40 à peine. » Aujourd'hui, le Roi est pauvre à Bourges, jusqu'à ne donner peut-être au pauvre que le *sou* de la France hospitalière, et son *denier au Dieu* de Bourges, comme le pauvre *Bourbonnais!*

Nous l'avons dit déjà, il nous faut ici le répéter : « Lors-
» que Dieu veut châtier les empires, il éloigne les Bourbons,
» comme le père de famille qui, voulant punir les enfans,
» écarte la mère. »

Lorsqu'ils font une faute (et quel Roi nouveau, et quel
parti, et quel peuple, ne fait, et souvent en masse, des
fautes !....), on peut toujours montrer, à côté de lui, un
homme qui la leur fit faire....

Et encore quelle sorte de faute ! celle de « la confiance,
le défaut d'une qualité, » dit le Cardinal de Retz. Il refusa
de suspendre Maroto.

Charles V et Charles VI seuls, enfin, pourront redire,
continuer, accomplir, cette magnifique, paternelle et filiale
Proclamation du 2 septembre 1836 : « Espagnols ! le Ciel
dans sa sollicitude n'a jamais oublié cette nation, il pro-
tége trop visiblement une cause qui est la sienne, et si son
amour paternel a voulu, pour nous corriger de nos fautes,
envoyer le terrible fléau qui nous frappe, par une pré-
voyance toute particulière, il nous a secourus par des mi-
racles de chaque jour ; et déjouant la prudence humaine, il
a réservé *à lui seul* la gloire du succès de vos armes. Le
Ciel a infligé à la révolution de se faire justice à elle-même ;
il a voulu qu'elle se montrât à la face du monde avec toutes ses horreurs, et par un dernier avertissement et pour
l'éternelle leçon des peuples, *il a fait en sorte que l'usurpation se vît elle-même à son tour victime de l'usurpation* et du principe même auquel elle devait son existence.
Oui, Espagnols, je déplore avec vous les malheurs de notre
patrie, mais j'adore avec vous les grands desseins de la
Toute-Puissance. Les derniers événemens dans plusieurs
des provinces soumises à la tyrannie, ceux de la Granja et
de Madrid, ceux qui arrivent dans ce moment même, ne

permettent pas à votre roi de garder le silence ; il doit vous adresser, dans de semblables circonstances, des paroles de consolation et d'espérance....... Mais Dieu n'a pas abandonné dans une telle crise la catholique Espagne, et tout présage la prochaine apparition de l'arc-en-ciel de la paix qui doit mettre un terme à cette horrible tourmente. *L'immense majorité de la nation* a été fidèle à ses principes ; votre loyauté comme votre héroïsme font maintenant l'admiration de l'Europe, et le Seigneur récompensera votre résolution et votre zèle. L'histoire ne présentera aucun exemple d'une cause aussi nationale et aussi juste, ni de tant de sacrifices récompensés par plus de succès. Reportez vos regards sur 1834, époque où la révolution..... Je compâtis à vos infortunes! mon cœur paternel ne peut supporter l'idée de tant de maux ; qu'au milieu d'une crise si épouvantable, ma voix vous soit de quelque consolation : je le répète, le jour de votre délivrance est proche, confiez-vous dans le Seigneur qui a daigné laisser à l'Espagne *une ancre d'espérance,* une planche de salut dans l'horrible tempête qui menaçait de l'ensevelir sous ses débris. Implorez le secours du ciel, redoublez d'efforts, si cela est encore possible à votre loyauté sans limite, et vous verrez renaître l'ordre et la paix ; les germes de perturbation universelle se convertiront en de nouvelles garanties de repos pour toute l'Europe. Vous connaissez à fond mes principes et mes sentimens, vos désirs sont les miens, mes intérêts sont les vôtres ; un règne paternel cicatrisera les plaies d'un demi-siècle d'erreurs et de désastres. Assis sur le trône de Ferdinand comme père de la patrie, je sécherai vos larmes, je récompenserai vos sacrifices ; j'aspire seulement à faire le bonheur des peuples si dignes d'être heureux, du repos et de l'avenir desquels je dois rendre compte au dispensateur des trônes. La divine religion de nos ancêtres, *nos vénérables et sages lois fondamentales,* nos coutumes espagnoles, l'administration de la justice conformément aux intérêts moraux de la société, une sévère économie et tous les élémens du bien-être matériel qui nous restent encore, suffiront pour rétablir, en peu d'années, la gloire et l'éclat de cette grande nation qui ne veut pas plus dicter la loi aux autres que la recevoir. Mon cœur s'ouvre à la douce espérance qu'aucun Espagnol en qui vit encore quelque sentiment de probité et d'honneur, ne voudra s'associer à un système d'horreur et d'ignominie, et que l'anarchie terminée, assis sur mon trône, entouré de mes sujets comme un père de ses tendres fils, nous rendrons des actions de grâces au Tout-Puissant, et nous implorerons les bénédictions que le ciel nous prépare dans sa bonté. Quartier-général de Aspeitia, 2 septembre 1836. Moi LE ROI. »

Le Prince des Asturies seul, entre les prétendans de la princesse Isabelle, seul serait choisi par elle enfant, et surtout par elle réfléchie, si elle pouvait se concevoir libre.

Charles V seul, entre les rois aspirans à l'adoption d'Isabelle, serait choisi par elle pour lui tenir lieu de père.

Plus d'un autre * pourrait lui être à horreur, et comme beau-père et même comme époux...

C'est bien quelque chose, apparemment, que la liberté,

---

* Le fait suivant, rapporté par les journaux de Madrid, en fait supposer d'autres, et de pires peut-être :

« Le duc de Baylen, qui a remplacé le *divin* Arguelles, demandait dernièrement à Isabelle quels journaux elle désirait lire. « Donne-moi tous ceux que tu voudras, répondit-elle, moins l'*Eco del Comercio,* dont je ne veux pas entendre parler. »

» Pour avoir la clé de cette anecdote, il est bon de savoir que ce journal est sous le patronage de l'infant don François, lequel journal prêche de toutes ses forces le mariage du fils aîné de ce prince avec la fille de Ferdinand. »

la conscience et le cœur, dans une alliance même entre rois!

Le Prince des Asturies enfin a, et il a tout entier, et tout seul, ce rare mérite (qu'il n'a pas désiré, puisque la nature et les Lois fondamentales de la Monarchie d'Espagne le lui ont donné, sans qu'il l'ait demandé et ambitionné apparemment) ce rare bonheur, pour des Cortès quelconques, pour un Congrès quelconque, de leur permettre à eux-mêmes, le bonheur, qui n'est pas commun non plus, de se faire légitimes en étant justes.

Hâtons-nous de le dire, afin de n'avoir plus rien à dire :

Ce sont des emblêmes pleins de vérités et de bienfaisance, de charmes et de poésie, que les *Lis ne filent point,* le *Liliae non nent*, pris de l'Evangile ; — et un *proverbe* vraiment politique que celui-ci : les *couronnes* de France et d'Espagne principalement *ne tombent point en quenouilles.*

Elle est profondément, comme le *sel*, conservatrice, génératrice, *germinatrice*, franche, *française*, la Loi *Salique* des *Francs* et des *Germains* !

La couronne à présent ne saurait *tomber en quenouille* que pour se trouver, par contre-coup, dans la rue, au plus et même au moins offrant. Le gouvernement féminin est, comme le représentatif, hypocrite : c'est un aspic ou un sophisme qui se cache sous des fleurs (quelquefois même de lys); et les femmes ne sauraient plus porter de couronne que celle de roses :

Celle de la royauté est d'épines!

Et la Maison de Bourbon, seule, est *Bonne* à la France, à l'Espagne et à l'univers, comme ses noms latins et français : *Borbonius, etc.*, seuls semblent le dire : *Orbi Bonus.* Et c'est pour elle seule au monde qu'il est permis de se rappeler et de rappeler, sans être confondu, cette parole de l'Ecriture à propos d'un Roi désiré pour tous et même par tous : *Et movebo omnes gentes : et veniet Desideratus ounctis gentibus.*

En vérité, nous étions comme en présence, à la fois, de la Révolution de 1830 en France, et des Révolutions de 1840, etc., en Espagne, lorsque nous finissions, en 1828, notre *Histoire des Assemblées délibérantes*..... (*délirantes,* comme disait Bonaparte), par ces paroles prophétiques :

« .... Voulez-vous, en deux traits, voir exprimés les avantages de la Monarchie dont les Bourbons nous ont donné et nous donneront encore, au besoin, l'exemple? les voici, l'un pris d'un républicain anglais, et l'autre d'un Français : Shakespeare et Mirabeau :

« Un crime fait-il disparaître la Majesté royale? à la » place qu'elle occupait, il se forme un abîme effroyable, » où tout ce qui l'environne se précipite..... Le gouffre de » l'anarchie est creusé par l'ambition et les factieux : Dé- » cius s'y jette, le gouffre se referme : voilà l'emblème » de la théorie de la royauté légitime. »

« Lisez l'histoire de toutes les nations de la terre, lisez les méditations des philosophes anciens et modernes, comme celles des théologiens catholiques, vous verrez que tout, dans le gouvernement des hommes comme dans celui de la nature, ramène à l'*Unité* (et surtout à la Masculinité), et que les citoyens isolés d'un Roi, d'un *Homme,* ainsi que les hommes indépendans d'un Dieu, *efféminés* et méchans par excellence, ne sont plus que des grains de sable à la merci du premier ouragan, c'est-à-dire du premier auda- cieux venu. »

Laissez *libre* Charles V, ou seulement le prince des As- turies, et vous aurez, à la mort près..., le *Décius* dont vous parlait Mirabeau, et vous verriez leur Drapeau fleur-delysé pacifique, bien autrement que l'aigle antropophage de Bonaparte *de Cannes à Paris* au 20 mars, *voler de clocher en clocher* de Bourges à Madrid.

> . . . . . . *Si fortè VIRUM quem*
> *Conspexére, silent.*
>   VIRG.

Il suffisait d'un général Garcia dans la Navarre, le 28 janvier 1838, pour faire écrire à Espartero, par Alaix, son *vice-roi* à Pampelune : « ..... Mes sacrifices ne sauveront » pas mon pays..... Il me faut des ressources, et tant que je » n'en obtiendrai pas, je ne cesserai pas d'élever la voix » pour en demander. Dieu garde Votre Excellence de longues années. ISIDORO ALAIX. »

Et sans 20,000 soldats *anglais-français* qui vinrent, à point nommé, trahir la légitimité, au cœur de l'Espagne, c'en était fait des *victoires*, et surtout de la régence d'Espartero.

C'est alors que diraient, entendus, et même que n'auraient nul besoin de redire les *Romains* d'Espagne, qui ne sont jamais les *derniers*, Don Sébastien (le Royal fils de Marie-Thérèse), les Zumalacarregui et les Cabrera nouveaux, qu'ils n'auraient pas besoin de redire ce que les anciens disaient :

« Notre liberté est l'ouvrage de nos pères ; ils l'ont maintenue avec fidélité sous l'égide de la religion et de la couronne. La religion qui nous apprend ce qui est bien et ce qui est mal ; la religion qui, par une pratique constante, a placé dans nos cœurs l'amour de Dieu et la foi dans sa sagesse éternelle, en même tems que la vénération pour les légitimes souverains que la puissance divine a placés au dessus de nous pour nous gouverner selon nos lois, coutumes et priviléges, obéissance non pas aveugle, mais raisonnable, qui ne reconnaît pas la révolte pour contre-poids, mais puise dans les préceptes de la religion et dans l'assurance que donne la justice, le courage et la résolution nécessaires pour triompher de tous les obstacles et garder intacte notre indépendance qui est notre patrimoine antique et respecté. Et s'imagine-t-on que notre roi et seigneur Don Carlos soit l'objet de notre amour, uniquement à cause de ses vertus et de ses éminentes qualités royales ? Non, quelque vénération que nous impose son caractère privé, ce n'est pas pour cela que nous crions : Vive Don Carlos! Don Carlos est pour nous le représentant de la monarchie ; c'est pour nous la loi vivante et incarnée ; c'est la personnification de ce beau royaume, le défenseur de la religion, le protecteur de notre liberté ; en un mot, l'Espagne a besoin de Don Carlos pour être heureuse, pour recouvrer sa prospérité. Il est la clé de la voûte de notre bel édifice. Nous prenons Dieu à témoin que nous ne voyons en lui que ce que tout Espagnol fidèle doit y voir, le successeur légitime de Ferdinand VII, non pas le roi de nos caprices et de nos volontés, mais un prince appelé par la loi de nos pères à s'asseoir sur son trône immuable, qui respecte et fait respecter la justice, garde avec notre concours ce vaste ensemble d'institutions qui ont formé notre caractère, inspiré le pur patriotisme qui nous anime, et cette loyauté constante, ce courage inébranlable du Chrétien qui adore Dieu, pratique sa sainte religion, aime son souverain et défend son pays. »

Tels sont les anciens, les nouveaux, les *derniers erremens* du courage et de la victoire des Rois légitimes, dans le Royaume catholique par excellence, nous allions dire le *Peuple de Dieu* des tems modernes.

Il réalise toutes les prophéties qu'il a faites.

Il les réalise à tout prix.

C'est après l'humble et la superbe Proclamation de Palafox, que Saragosse, commandée par un général de vingt-huit ans (qui mérita, lui aussi, d'*Enghien nouveau,* d'être enfermé à Vincennes, où il eût été digne de mourir), après avoir soutenu, avec deux cents hommes seulement, un siége auquel l'histoire universelle n'a rien à comparer, se dévouant tout entière : hommes, femmes, vieillards, enfans, *célébra ses propres funérailles,* et, dans l'impuissance de vaincre sur la terre, triompha, on peut le dire, dans les Cieux.

Ce que Palafox a fait, Cabrera SEUL pourrait le refaire encore ; ce que Saragosse une fois, Saragosse toujours ; ce que Saragosse, l'Espagne tout entière :

Car elle sait que les Empires, comme les hommes, ne meurent jamais que pour renaître ; et que la Résurrection, seule, est le secret de la politique comme de la religion.

Quant au *tems,* il ne fait rien à l'affaire,

Demain, en 1844, ou en 1850. Les années sont les jours des grands hommes, des grands peuples, des Causes saintes. Lorsqu'en 1808, un maréchal de France paraissait reprocher à des officiers espagnols leur lenteur, l'un d'eux lui répondit : *Nous avons mis huit cents ans à vaincre les Maures.*

Les Espagnols (et ici nous identifions les Carlistes et les Christinos, Cabrera et Espartero, Narvaez et Maroto lui-même), les Espagnols, qui sont lents avec les étrangers, peuvent bien l'être entre eux ; et cela explique leurs *guerres, petites* en apparence. Elles sont des préméditations, des hésitations humanitaires, des guerres à la Condé, à la Turenne, que les guerres meurtrières de Bonaparte nous ont fait oublier.

Ceux-ci se battaient le plus souvent à coups d'hommes, lesquels étaient pour eux de la *chair à canon ;* les autres,

Charles V, Zumalacarregui, Don Sébastien, Cabrera, se battaient, si nous osons le dire, *leurs corps défendant;* ils
aspiraient à la victoire sans le moyen, ou avec le plus petit
moyen.

C'est le plus grand mérite, la plus grande gloire militaire
et sociale possibles.

Charles V et le Prince des Asturies leur devront un jour,
et bientôt, la couronne.

Libres ,.... l'Espagne serait pacifiée en un moment, aux
cris célèbres : *Viva el Rey netto !*

Elle est donc bien funeste, bien coupable, bien ambitieuse, bien perfide, bien *anti-française,* bien anglomane,
la détention, plus resserrée que jamais, de ces Princes dans
le pays de France, la plus généreuse nation de l'univers !

C'est, autant qu'il est en soi, *Courir sus *,* comme faisaient ou étaient chargés de faire *Rodil* ou *Ponce.*

---

* Nous venons de lire, dans une remarquable *Lettre espagnole : «* Si don
Carlos n'avait pas la force du droit, pourquoi le retiendrait-on prisonnier
à Bourges ? Pourquoi n'enferme-t-on pas alors l'infant don Francisco et
sa femme, qui conspirent aujourd'hui publiquement contre le trône de
l'innocente ? Les ministres français ont été trop long-tems conspirateurs
pour ignorer que les conspirations, sans le droit, ont peu de force : l'ambition de régner qui travaille l'esprit de dona Luisa Carlotta, n'est pas suf-
fisante pour la faire parvenir jusqu'au trône : elle n'en a pas le droit ; et
l'infant don Francisco n'a, de son côté, ni la valeur de l'usurpateur hardi,
ni l'hypocrisie, ni l'énergie nécessaires pour occuper un trône usurpé ; il
est aussi peu estimé que redouté en Espagne, et ne sachant pas agir par
lui-même, il n'est capable ni de se mettre à la tête d'un parti, ni même
d'en être l'instrument.

» Y si *don Carlos no tuviera la fuerza del derecho le detendrian prisio-
nero en Bourges ? por que no encierran al infante don Francisco a su es-
posa y parciales que publicamente estan conspirando contra el trono de
la Inocente ?* etc., etc. »

Et un des témoins de la tentative de régicide qui eut lieu dans le camp

Nous avons, nous osons le dire, démontré la raison, la justice, la dignité, la légalité, la légitimité, la Religion (*Lex ligat, Religio religat*) des droits du Prince des Asturies exclusivement. Nous n'avons eu garde de préjuger seulement la Question du Fils royal à son royal Père. Elle ne saurait être résolue à Paris et par des Français quelconques ; mais bien à Madrid et au milieu des Espagnes. C'est une question de sagesse et même de conscience, dont les deux Princes Royaux sont les parties et Dieu seul le juge. Et s'*il y a*, entre Charles V et le Prince des Asturies, *toute l'épaisseur d'un Royaume*, comme dit Bossuet d'un Roi et d'un Dauphin de France, il n'y a aussi que l'exiguité du corps d'un homme.

du Roi... *de Navarre*, témoin dont la loyauté est célèbre dans toute la Péninsule, la raconte en ces termes :

« Dans l'année 1834, peu de tems après l'arrivée en Navarre du roi, des avis furent reçus de l'Angleterre et de France, annonçant qu'un assassin payé ne tarderait pas à se présenter dans ces provinces pour empoisonner S. M. ou l'assassiner, de quelque manière que ce fût. En effet, bientôt après arriva un individu, qu'on ne tarda pas à reconnaître, malgré son déguisement et son nom supposé, pour un ancien commis au secrétariat des Cortès, nommé Ponce de Léon. On trouva sur lui le poison, un poignard, beaucoup d'argent, et des documens curieux qui seront publiés un jour, ainsi que la déclaration qu'il fit. L'assassin traversa la France, autorisé par un passeport de l'ambassadeur à Londres, alors le marquis de Miraflores, qui le fut depuis à Paris.

» Ceux qui ont, comme nous, été témoins du supplice de Ponce, qui ont lu ses papiers, qui ont entendu les déclarations qu'il a faites avant sa mort ; ceux qui ont, comme nous, vu tirer, du fond d'une des bottes du vil assassin, le passeport qui lui avait été donné à Londres, par Miraflores, ont éprouvé des sentimens d'horreur. »

PIÈCES

POLITIQUES ET HISTORIQUES.

—

I.

Et d'abord M. Dupin l'aîné, l'avocat, le publiciste, le procureur-général-né de juillet, va nous dire ce que c'était, et ce que c'est que Bodin :

« Bodin, savant publiciste, Député indépendant aux états de Blois, et qui sut sacrifier à son devoir la faveur dont il jouissait à la cour de Henri II, connaissait à fond l'ancienne Constitution de la Monarchie française, et il a consigné dans les six livres de sa *République*, des *Faits*, des *Maximes*, que l'on consultera *toujours avec fruit.* »

Or, il se trouve précisément que Bodin a traité de la Loi Salique, et de sa contre-loi la *Gynecocratie*, avec plus de science, plus de logique, plus de conviction, on peut le dire, que tous les autres points de droit politique. Et, en vérité, c'est une pièce d'Ordre du jour, un Tableau vivant de l'Europe telle que nous la voyons, et une prévision des causes de sa décadence, qui seul justifierait la célébrité et l'autorité de Bodin en France et même en Angleterre, où « L'auteur arrivant à la suite du duc d'Alençon en 1579, eut l'honneur de voir sa *République* enseignée dans les universités de Londres et de Cambridge. » (V. les *Principes fondamentaux de la Monarchie française*, rédigés par les Premiers Présidens, etc., et principaux Magistrats de France, en 1794.)

Nous respecterons jusqu'à l'orthographe d'un style égal à celui de Montaigne :

« La Monarchie doit seulement estre deuolue aux masles, attendu que la Gynecocratie est droitement contre les loix de nature, qui a

donné aux hommes la force, la prudence, les armes, le commandement, et l'a *osté aux femmes :* et *la Loy de Dieu a disertement* * ordonné que la femme fust subjecte à l'homme, non seulement au
gouuernement des Royaumes et Empires, ains aussi en la famille
de chacun en particulier : *menassant* ** *ses ennemis de leur donner
des femmes pour maistresses,* comme *vne malediction execrable.*

Et mesmes la loy a defendu à la femme les charges et offices
propres aux hommes, comme de juger, postuler, et autres choses
semblables : non pas seulement par faute de prudence (comme disoit Martian, qu'entre toutes les deesses il n'y auoit que Pallas qui
n'eust onques mere, pour monstrer que la sagesse ne procedoit point
des femmes) mais d'autant que les *actions viriles sont contraires au
sexe, et à la pudeur et pudicité feminine.* Et n'y eut chose qui plus
irrita le Senat contre l'Empereur Heliogabale, que de voir sa mere
entrer au Senat, seulement pour voir, et non pas pour opiner : ce
qui fut trouué bien estrange de ce que Mahaut belle mere de Philippe
le Long assista au iugement de Robert Comte d'Artois, et Marguerite comtesse de Flandres au iugement du Comte de Clairmont.

Or, si cela est malseant et contre nature es charges publiques,
à plus forte raison est-il pernicieux en la souueraineté : car il faut
que la femme à qui est deuolue la couronne se marie, ou bien qu'elle
demeure sans mari : si elle se marie, c'est tousiours Gynecocratie :
car le mariage se fait à la charge que la soûueraineté demeure à la
femme : comme il fut arresté au traicté de mariage entre Ferdinand
d'Arragon et Isabelle de Castille : et de nostre aage entre Marie d'Angleterre et Philippe de Castille, qu'on appelloit le mari de la Roine :
et en cas pareil entre Sigismond Archiduc d'Austriche, qui depuis
fut Empereur, et Marie de Hongrie, qu'on appelloit le *Roy Marie.*
Auquel cas le mari est chef de famille, et maistre de l'œconomie domestique, et neantmoins demeure esclaue et subiect de sa femme en
public : car la puissance publique, dit la loy, n'est iamais liee à la
puissance domestique : et pour ceste cause le Consul Fabius fit des-
cendre son pere de cheual pour luy faire honneur comme au consul
en public, qu'il pouuait neantmoins en sa maison faire mourir : en
vertu de la puissance paternelle.

* *Genes.,* cap. 2.
** *Esaïœ,* cap. 8.

Si la roine demeure sans mari, l'estat *est exposé au danger des estrangers où des subiects : car si le peuple est genereux, et de bon cœur, il portera impatiemment que la femme commande.* Or n'y a rien qui soit plus dangereux en vne Republique, que le mespris de la maiesté, de laquelle depend la conseruation des loix et de l'estat, qui seront foulez aux pieds à cause de la femme, contre laquelle il n'y aura iamais faute de moqueries, de contumelies, de libelles diffamatoires, et puis de rebellions et guerres ciuiles. Et s'il luy aduient de porter la moindre faueur à quelqu'vn des subiects, on en fera tousiours sinistre iugement : car *mesmes les plus sages et* pudiques ont bien à faire à se guarentir des faux bruits : beaucoup moins pourra la princesse souueraine couurir ses faueurs : non plus qu'vn brandon sur vne haute guette : qui sera cause d'embraser le feu de ialousie entre ses subiects, et les armer les vns contre les autres. Si les subiects sont si lasches, qu'ils souffrent par force ou autrement la Gynecocratie en l'estat souuerain : il ne faut pas douter que chacun des subiects ne soit aussi contraint de la souffrir en sa maison : car c'est vne reigle politique, que ce qui est trouué bon et souffert en public, sera tousiours tiré en conséquence en particulier. Qui fut la cause que les Princes de Perse demanderent * au Roy Darius Mnemon, que l'escriture saincte appelle Assuerus, que la desobeïssance de Vasthi la femme ne demeurast impunie, à fin que les femmes des subiects ne fussent desobeïssantes aux maris. Or tout ainsi que la famille est renuersee où la femme commande au mari, attendu que le chef de famille perd sa qualité pour deuenir esclaue : aussi la Republique, à parler proprement, *perd son nom où la femme tient la souueraineté, pour sage qu'elle soit : et si elle est impudique, qu'en doit-on esperer ?* On a veu Ieanne (qui pour sa lubricité fut surnommee la Louuette) apres auoir succedé à Carobert dernier Roy de Naples, de la premiere maison d'Anjou, souiller la maiesté royale des parricides commis en la personne de trois Rois qu'elle auoit espousé : aussi fut-elle estranglee comme elle auoit merité. On a veu depuis peu d'années des tragedies non moins estranges, et *tout vn Royaume en combustion pour cas semblable.*

Ie ne parle point des cupiditez brutales d'vne Semiramis, la premiere qui empieta la monarchie des Assyriens : car ayant obtenu du Roy qu'elle commandast en souueraine pour vn iour, elle commanda

* *Esther,* cap. 1.

qu'on tuast le Roy : depuis Athalie roine de Iuda voyant son mari
tué, fit mourir tous les Princes du sang (horsmis vn qui reschappa)
et tint la souueraineté par force , iusqu'à ce qu'elle fut tuee par le
peuple. Cleopatre vsa de mesme loyauté enuers son frere pour se
faire Roine d'Egypte. Il se trouua aussi vne Zénobie qui se fit nommer
Imperatrice auec les xxx tyrans, et fut chassée par l'Empereur Aurelian : comme fit en cas pareil Hirene Emperiere de Constantinople ,
laquelle fut renfermee en vn monastere. *Brief, il ne se trouue peuple
si efféminé, qui ait approuué la Gynecocratie, iusqu'à ce que* la ligne
des Normans Rois de Naples fut faillie en Constance femme de Henry :
et depuis encores en Ioland fille de Iean de Brenne, qui espousa
Frideric II , Empereur, auquel Manfroy son bastard ayant succedé ,
et marié sa fille Constance en la maison d'Arragon , alluma le feu
des *guerres, qui ont continué deux cens ans entre les maisons d'Anjou et d'Arragon, pour auoir donné entree aux filles en la succession
du royaume de Naples.*

Mais depuis qu'on eut apperceu tant de scandales et guerres aduenuës pour ce Royaume là entre les Princes Chrestiens, il fut
arresté au collége des Cardinaux , que des lors en auant le Royaume
de Naples ne tomberoit plus en quenouille : et en l'inuestiture
faicte à Alphons Roy d'Arragon l'an м. cccxlv et à Ferdinand
Roy d'Arragon l'an м. cccclviii en Nouembre, il est expressement
porté, que les filles ne succederont point au Royaume de Naples
tant qu'il y auroit masles en ligne directe ou collatérale, iusques
au quatrieme degré inclusiuement : mais l'ouuerture estant faicte
en Italie à la succession des filles, fut depuis pratiquee es Royaumes de Hongrie et de Polongne, qui escheurent à Marie et Hedwige filles de Louys Roy de Hongrie et de Polongne, ce qui iamais
n'auoit esté veu. Et quasi en mesme temps Marie Volmar succeda aux
Royaumes de Noruege, Suede et Dannemarch, contre les loix et
coustumes anciennes du pays.

Ce qui aduint au Royaume de Castille, où succeda Isabelle, ayant
gaigné les plus grands : et combien qu'elle fust des plus sages Princesses qui fut onques, si est-ce que les estats du païs en firent
plainte : et sur ce qu'on allegua qu'auparauant Socine fille d'Alphons auoit apporté le Royaume de Castille à Sillon son mari, si estce qu'il fut repliqué par les estats, que cela s'estoit faict par force ,
et que des lors les estats de Castille auoyent protesté que c'estoit
contre les loix du pays ; *ce qui fit haster le mariage de Ferdinand et*

Isabelle, pour tenir le peuple en bride. Et combien que Henry Roy de Castille eust declairé par son testament, que le Royaume appartenoit à Louys IX, Roy de France, à cause de sa mère Blanche de Castille, et que les barons de Castille auoyent escrit au roy de France qu'il vinst prendre possession du royaume, *si est ce que iamais il n'osa entreprendre de quereller le royaume,* quoy qu'il eust le consentement des seigneurs du pays en lettres scellees, qui sont encores au thrésor de France. Nous trouuons aussi que par force et finesse, Ferdinand fils de Leono, se fit adiuger le royaume d'Arragon : comme en cas semblable fit le comte de Barcelone, ayant espousé Perrine fille du Roy d'Arragon : ce qui fut faict aussi au Royaume de Nauarre auquel succeda Henry la Large Comte de Champagne à cause de sa femme, et depuis Philippe le Bel Roy de France à cause de Ieanne de Nauarre : et depuis il est tombé es maisons d'Eureux, de Foix , d'Albret, de Vendosme : *de sorte que ce royaume là en moins de trois cens ans a esté transporté en six maisons estrangères.*

Quant à l'Angleterre, nous trouuons bien au temps de Domitian, qu'il tomba en quenouille, et que les Anglois ne faisoyent point de différence entre les masles et les filles pour la succession du Royaume : si est ce qu'il y *auait plus de quinze cens ans que cela ne s'estoit fait quand Marie succeda à son frere Edouard VI.* Non plus qu'au Royaume d'Escosse auquel succeda Marie Stuart : car il ne se trouue pas de cent et cinq Rois qu'ils ont en leurs histoires, qu'*vne seule fille* ait succedé à la couronne. Ainsi void-on quatre femmes de mesme nom auoir faict ouuerture à la Gynecocratie es Royaumes de Hongrie, Noruege, Suede, Dannemarch, Escosse et Angleterre. Il est bien vray que Mahaut fille de Henry Roy d'Angleterre, apporta le Royaume d'Angleterre à la maison d'Aniou : mais ce fut apres la mort d'Estienne Comte de Boulongne, neueu de Henry à cause de sa sœur Alix : en sorte que le cousin issu d'vne fille fut preferé à la fille propre du Roy. Encores ce ne fut pas Mahaut , mais son fils aisné Comte d'Aniou, qui succéda au royaume d'Angleterre : qui est le cas auquel Edouard III Roy d'Angleterre, sur le différent qu'il auoit pour la couronne de France , disoit que la loy Salique demeuroit en sa force quand le masle plus proche issu d'vne fille est preferé à celui qui est plus reculé issu des masles : mais cela ne doit iamais auoir lieu, si ce n'est que les masles du nom, en quelque ligne et degré que ce soit, viennent à defaillir, et que le royaume ne soit point subiect à election. Car combien que l'empereur Charles V, faisant le mariage de sa sœur auec Christierne Roy de Dannemarch, eust fait inserer au contract la clause portant que les masles defaillans, la fille aisnee issue de mariage succéderoit au royaume : si est-ce neantmoins que les estats du païs n'y eurent aucunement esgard, attendu que le royaume est electif : et tant s'en faloit que la noblesse receust pas vne de ses trois filles, que mesmes le Roy fut chassé et banni de son estat, et depuis mourut en prison. Les Pollaques aussi apres la mort de Sigismond Auguste, non seulement ont debouté la sœur du Roy, et mesmes son neueu fils du Roy de Suede, qui donnoit vn million d'or à la Republique, en eslisant son fils : jaçoit que leurs predecesseurs auoyent receu Hedwige fils de Louys, et qu'il n'y auoit aucun masle en ligne directe ni collaterale de la maison de Iagellon, neantmoins ils esleurent Henry de France Duc d'Aniou.

Or bien que les elections des Monarques soyent dangereuses, pour les raisons que nous auons deduit ci-dessus : si *est-ce toutes fois qu'elles sont plus tolerables*, venant la ligne des masles à défaillir, *que voir le royaume tomber en quenouille*, parce qu'il faut souffrir vne pure Gynecocratie contre les loix de nature : si la Princesse heritiere se marie (ce qui est nécessaire pour auoir vn successeur asseuré) le mari sera subiect, ou estranger. Quant au subiect, la princesse penseroit se faire grand deshonneur d'espouser sont seruiteur veu mesmes que les Princes souuerains font grande difficulté d'espouser vne subiecte : ioinct aussi la ialousie qui est à craindre, si elle espouse celuy qu'elle aimera, laissant les plus nobles et plus grands seigneurs, qui mespriseront tousiours ceux qui sont de bas lieu. Et peut estre que celuy qui sera nommé n'en tiendra compte : comme de faict Marie d'Angleterre, ayant tiré le comte de Ducher hors de prison, auec esperance de l'espouser comme le plus beau Prince de son aage et des plus proches de la couronne, et issu de Louis le Gros Roy de France, comme du Tillet a verifié par les traictez de France, neantmoins il aspiroit au mariage d'Elizabeth lors prisonniere, et à present Roine : qui fut cause que Marie le poursuyuit pour le faire mourir, s'il ne se fust banni à Venize, où depuis il a esté empoisonné, comme le bruit fut commun. Il y a bien encores le Comte de Vvorcester nommé Sommerser, et par substitucion feodale Harbert, le fils duquel fut enuoyé au baptesme de la fille de Charles IX, Roy, au nom de la roine d'Angleterre l'an M. D. LXXIII, qui estoit fils de Charles grand Chambellan de Henry VII, petit fils de Henry, fils de Iean Comte de Mortaigne, qui estoit fils du Roy Edouard

III , comme i'ay appris d'vn gentil-homme Anglois, et porté d'Angleterre escarté de France : toutesfois on n'y a pas eu esgard. Et combien qu'il se meut propos au Parlement d'Angleterre tenu au mois
d'aoust l'an M. D. LXV. de faire declarer par les estats du pays le
Comte de Hutington pour successeur apres la Roine , et pour forti-
fier le parti, nommer le duc de Norfolc apres le Comte de Hutington
(ce que les Ambassadeurs et agents des autres Princes tramoyent sous
main, craignans que la puissance d'vn si grand Royaume vnie à l'vn
des Princes voisins ne raualast les autres) toutesfois la Roine rompit
leur faction , et fit entendre par ses Ambassadeurs aux Princes estrangers , qu'elle ne s'abbaisseroit iamais iusques là , d'espouser son
suiect : et qu'elle prendroit vn Prince estranger si poure, que les
autres Princes n'auroyent occasion de se deffier de lui, et qu'elle ne
departiroit rien à son mari de ses biens ni de ses forces, ne voulant
se seruir de luy, que pour laisser vn successeur. Et de faict, quand
on traita du mariage de l'Archiduc d'Austriche auec la Roine Elizabeth, entre les articles il y auoit, qu'il ne seroit point appellé Roy,
qu'il ne feroit dire messe en Angleterre, qu'on ne bailleroit office ni
benefice sinon aux Anglois : et si la Roine mourait sans enfans,
qu'il ne pourroit rien retenir en Angleterre. Aussi le mariage ne s'est
peu conclure, combien que les estats d'Angleterre ne font autre re-
queste à la Roine , à tous les Parlemens depuis quinze ans , sinon
qu'il lui plaise se marier, ou pour le moins declairer son successeur :
sçachans bien qu'en perdant l'vne des plus sages et vertueuses Princesses du monde , ils tomberont en guerres ciuiles : aussi d'autre
part, en designant vn successeur son estat est en danger.

Les mesmes difficultez, et plus grandes se presenterent au traicté
de mariage entre Philippe Prince de Castille et Marie Roine d'Angleterre : où l'article premier portoit qu'on ne pourroit auancer aucun
estranger non naturel Anglois en office, benefice ni charge quelconque : et au quatrieme article il estoit dit, que Philippe de Castille ne
pourrait emmener hors d'Angleterre la roine sa femme, si elle n'en
estoit desireuse, ni les enfans esleuez d'eux deux. Les articles furent
verifiez par les estats du pays l'an M. D. LIIII le second d'Auril : qui
portent, outre ce que i'ay dit, que la Roine, comme seule et vnique
iouïroit de la regalité et souueraineté desdits royaumes, païs, terres et subiects absoluement, sans que le mari peust pretendre par la
courtoisie d'Angleterre, la couronne et souueraineté du royaume, ni
autres droits quelconques : et que les lettres et mandemens seroyent

de nul effect si la roine ne les auoit signez, quelque seing ou consentement qu'il y eust du mari : et sans lequel neantmoins le consentement de la Roine suffiroit. I'ay appris par les lettres de l'Ambassadeur de France, qui lors estoit en Angleterre, qu'il fut aussi arresté qu'il *n'y auroit aucun Espagnol aux forteresses d'Angleterre*, deçà ni delà la mer : et que les Anglois ne seroyent contraints d'aller en guerre hors le royaume. Et quoy que les conditions fussent iniques, si est-ce que les Anglois ne voulayent aucunement voir vn Espagnol mestre le pied en Angleterre, ores que ce fust pour espouser vne vieille de laquelle on ne pouuoit quasi esperer lignee. Et pour la deffiance qu'en auoit l'Empereur Charles V, il *demandait à la Roine cinquante ieunes Millors pour ostages et seureté de son fils*, pendant qu'il seroit en Angleterre, combien que telle deffiance tiroit la haine du peuple : aussi cest article fut osté : mais pour attirer Philippe en Angleterre, la Roine luy enuoya trois cens mil ducats pour faire son voyage. Le mariage faict il y eut *plus de dixhuict cens Anglois qui se bannirent volontairement du pays* : et neantmoins il se descouurit vne coniuration en Angleterre contre les Espagnols pour les mettre à mort tout à coup, d'autant qu'ils vouloyent, comme le bruit estait, s'emparer de la souueraineté : et n'y a doute que la coniuration n'eust sorti effect, ou les Espagnols fussent paruenus à leurs desseins, si *la mort de la Roine* n'eust mis fin aux entreprises des vns et des autres.

Car assurément iamais Prince estranger ne pourra estre asseuré de sa vie pour commander au pays d'autruy, *s'il n'a gardes et forteresses :* et s'il est maistre des forces, il sera aussi maistre de l'estat, et pour plus s'asseurer, *il auancera tousiours les estrangers, chose insupportable à toute nation* du monde. Nous en auons *vn million d'exemples*, et mesmes du temps de Guillaume Roy de Sicile l'an M. C. LXVIII, les peuples du royaume de Naples furent si irritez de voir vn François pourueu de l'estat de Chancelier, qu'ils coniurerent de tuer, et tuerent de faict tous les François qui estoyent au Royaume de Naples et de Sicile : et pour la moindre querelle, si les estrangers ne sont les plus forts, on leur couppera la gorge : comme il aduint en Polongne durant le gouuernement de la fille de Cazimir le grand Roy de Polongne, et femme de Louis Roy de Hongrie, esleu Roy de Polongne, au grand contentement de tous les estats : neantmoins pour vn Pollaque tué par vn gentil-homme de Hongrie, tout le peuple de Cracouie se ietta sur les Hongres, et mit tout à mort, horsmis ceux qui se sauuerent au chasteau, qui furent assiegez auec la Roine : et n'y eut moyen d'appaiser le peuple, sinon que la Roine heritiere et Dame de Polongne vuidast le pays auec tous les Hongres. Mais il se fit encores de plus grands carnages en Hongrie, quand Marie fille aisnee de Louïs Roy de Hongrie eut espousé Sigismond Archiduc d'Austriche : car voulant entreprendre sur l'estat, sa belle mere le fit chasser, et vouloit mettre le Royaume en la puissance du Roy de France : de quoi les Hongres aduertis, enuoyerent querir Charles Roy de Naples oncle de Marie, que la mere fit tuer tost après : et ce parricide fut vangé de semblable cruauté par le gouuerneur de Croatie, qui fit tuer et ietter la mere en l'eau. Et neantmoins Sigismond retourna auec vne bonne armee, et se mit en pleine possession du royaume duquel il disposa à son plaisir, et fit mourir ceux du pays qui lui faisoyent teste.

Et sans aller si loin, nous auons l'exemple des Escossois, qui auoyent esté alliez depuis sept cens ans auec la France de la plus estroitte alliance, et qui auoyent receu toutes les faueurs de la maison de France, qu'il estoit possible d'esperer : neantmoins ils ont mieux aimé se ietter au giron des Anglois, et se mettre en la protection de leurs anciens ennemis, que voir les François commander en leurs pays, et n'ont iamais cessé qu'ils ne les ayent veu hors d'Escosse. Depuis on a veu les succes du mariage de Marie Stuart en secondes nopces auec le fils du Comte de Lenos qui doit seruir d'exemples à tous peuples.

Et ce qu'il faut bien autrement considérer, ne faut pas qu'vn mari estranger pense ranger à la raison les voluptez d'vne Princesse souueraine : car s'il veut la répudier, il faut que lui-mesme se bannisse. Et qui fut onques plus sage Prince que Marc Aurele ? neantmoins quand on lui dit qu'il deuoit repudier Faustine pour sa vie dissolue : Il faut donc, dit-il, quitter le douaire, c'estait l'Empire Romain : combien qu'il aucit l'Empire de son chef par adoption d'Antonin le Piteux, pere de Faustine. Encores y a-t-il *vn autre danger, si la Princesse heritiere d'vn estat souuerain se veut marier à un estranger :* c'est que les autres Princes entrent en ialousies, et en guerres à qui l'emportera, comme il aduint entre les poursuyuans de Vende Roine de Russie, qui se iecta en l'eau par beau despit, pour se vanger de ceux qui la vouloyent auoir par force, n'ayant rien peu gaigner par douceur : car il *n'est pas si aisé de trouuer mari à vne Princesse souueraine,* qu'aux Princes qui espousent le plus souuent par Vidasmes

celles qu'ils n'ont iamais veuës qu'en peincture : mais les Princesses
heritieres veulent voir les personnes, et ne se contentent pas des
peinctures. Et de faict sur la poursuite que faisoit Henri Prince, et
depuis Roy de Suede, d'auoir Elizabeth Roine d'Angleterre, elle lui
escriuit, qu'il estoit le Prince au monde qu'elle deuoit plus aimer,
pour l'auoir demandee lors qu'elle estoit prisonniere, mais qu'elle
auoit resolu de n'espouser iamais homme qu'elle ne l'eust veu :
comme elle escriuit aussi à l'Archiduc : qui fut en partie la cause, que
l'vn et l'autre n'y à peu paruenir, craignant peut estre, s'il n'estoyent aggreables, qu'on les renuoyast en leur pays.

*Or, si le droit naturel est violé en la Gynecocratie, encores plus est
le droit ciuil et des gens, qui veulent que la femme suyue le mari*, ores
qu'il n'eust ni feu ni lieu : et en cela tous les Canonistes et Docteurs
en loix sont d'accord, et les Theologiens : et qu'elle doit reuerer son
mari, et que les fruits du douaire de la femme appartiennent au
mari, voire de tous les propres qui lui escheent : et les droits de
confiscation, quand les biens du condamné vaudroyent cent fois plus
que le fief de la femme baillé en douaire au mari, ils appartiennent
neantmoins en proprieté au mari, quelque seigneurie que ce soit,
comme il a esté iugé par plusieurs arrests : car mesmes les droits
de patronage, dependans du douaire de la femme sont au mari,
comme faisans partie de l'vsufruict. Et neantmoins par le traicté des
mariages faicts entre Philippe de Castille et Marie Roine d'Angleterre on void tout le contraire : quoy que plusieurs soyent d'aduis
que l'estranger espousant vne Roine fait les fruicts et droit du
Royaume siens, iaçoit que le Royaume et souueraineté d'icelui demeure en la personne de la Roine : et baillent pour exemple mal à
propos le Royaume de Castille, qui demeura en la personne de Socine et d'Isabelle. D'auantage on tient en termes de droit, que le
vassal de la femme doit secours premierement au mari, et plustost
qu'à la femme, si tous deux sont en peine : qui est directement contraire à tous les traictez de mariage qui ont esté faicts entre les
Princes estrangers et les princesses heritieres. Aussi tous les peuples
sont d'accord, que la noblesse, la splendeur, la dignite depend du
mari, et non pas de la femme : et si le mari n'est noble, la femme
perd sa noblesse, et les enfans sont roturiers, ce que Pierre Ancharan
dit auoir lieu es Roines qui espousent des roturiers, ou qui ne sont
pas Princes : et les autres Iurisconsultes sont de mesme aduis.

Tous ces inconuenients et absurditez suyuent la Gynecocratie, qui a pris son origine pour auoir permis aux femmes la succession des fiefs, les masles defaillans en directe et collaterale : puis quand on eut gaigné ce poinct, on obtint qu'elles succederoyent aux fiefs en ligne directe, et seroyent preferees aux masles collateraux : et peu à peu la permission fut estendue aux dignitez, Comtez, Marquisats, Duchez, Principautez, et puis aux royaumes : Iaçoit que par les loix des fiefs les femmes fussent deboutees des successions feodales, encores qu'il n'y eust masles, fust en ligne directe ou collaterale, s'il n'estoit specialement conuenu par l'inuestiture : mais la loy *Salique le tranche tout court*, et defend expressement que la femme puisse aucunement succeder aux fiefs de quelque nature qu'ils soyent : qui n'est point vne loy feinte, comme plusieurs pensent, car elle se trouue es plus vielles et anciennes loix des Saliens és vieux liures escrits à la main sous le chap. d'Allode, et au chap. 1. *De matrimonio ad morganaticam*, et au thresor de France en ces termes de mot à mot. DE TERRA UERO SALICA NULLA PORTIO HAEREDITATIS MULIERI VENIAT, SED AD VIRILEM SEXUM TOTA TERRAE HAEREDITAS PERVENIAT. Et au decret du Roy Childebert inséré entre les loix Saliques, où il est ordonné que representation aurait lieu en ligne directe, il n'y a que les masles appellez. Et pour neant le parlement des Pairs de France eust donné son arrest entre Philippe de Valois et le Roy d'Angleterre Edouard IV, par lequel il fut dit qu'il ne se pourroit aider d'autre loy ni coustume que de la loy Salique, s'il n'y eust point eu de loy Salique. Et combien qu'apres la mort de Louys Hutin roy, Odet Duc de Bourgongne fut d'aduis que Ianne fille de Hutin deuoit succeder à la couronne, si est ce qu'il fut resolu par les estats assemblez en la ville de Paris, que les filles ne succederoyent à la couronne, comme nous lisons en l'histoire de Nangi. Et mesmes Balde, auparauant Philippe de Valois, appelle la coustume de succéder à la couronne de masle en masle, *Ius gentium Gallorum*. Et n'y a pas long temps qu'en vn testament ancien d'vn gentilhomme de Guyenne produit en proces au Parlement de Bourdeaux, le pere diuise à ses enfans la terre Salique, que tous interpretent les fiefs, ce qui a tousiours esté gardé en Allemagne, iusqu'à ce que Frideric II, Empereur, eust donné ce priuilege special à la maison d'Austriche, que defaillant la ligne masculine, les filles succederoyent : mais l'Empereur ne l'auoit peu faire sans l'expres vouloir et consentement des Estats de l'Empire. Aussi Othocar Roy de Boheme, de la maison d'Austriche, sans auoir esgard à la permission de Frideric, querela le Duché d'Austriche, et leva vne puissante armee contre Raoul, qui s'en portoit seigneur, en vertu du priuilege : depuis cela s'est aussi estendu à la maison de Bauieres.

Encores il n'y auoit iamais eu peuple si lasche, qui endurast sous le voile de la succession feodale, que les femmes empietassent la souueraineté , et *moins encores en Asie et en Afrique qu'en Europe* : quoy que soit *la France, Dieu mercy, s'en est tousiours garantie*, car la loy Salique , que M. le Cirier , Conseiller en Parlement , dit auoir esté faicte auec *grande quantité de sel de sagesse*, ne fut pas seulement alleguee et prattiquee sous Philippe et Charles le Bel, desquels les filles ne pretendirent rien au royaume , ains aussi sous Clotaire , et Sigebert et Childebert, qui furent preferez aux filles des Rois, *qui ne querellerent onques la couronne.* C'est pourquoy Balde parlant de la maison de Bourbon , tient que *le masle de mesme nom qui est au millieme degre de consanguinité succederoit plus tost à la couronne qu'vne fille y fust admise.* »

II.

LA LOI SALIQUE JUGÉE PAR LE PRÉSIDENT HÉNAULT.

Le premier fait de triomphe de la Loi Salique, rapporté par le président Hénault aux années 1316 , 17 , 18 , est décisif. C'est déjà un mariage entre cousins qui *partagea le différend* : « *Philippe-le-Long* fut en même tems régent du royaume de Navarre pendant la minorité de Jeanne de Navarre, sa nièce, fille et héritière de Louis Hutin, et du royaume de France, en attendant que Clémence de Hongrie accouchât. Cette princesse mit au monde un prince qui fut nommé JEAN, et qui ne vécut que huit jours. A sa mort, il y eut de grandes contestations sur la succession à la couronne.

» Eudes de Bourgogne, oncle de Jeanne, parce qu'il était frère de Marguerite de Bourgogne, sa mère , prétendait que Jeanne devait être reine. L'affaire fut long-tems agitée ; Philippe convoqua une grande assemblée pour le jour de la Purification, où, en présence du cardinal Pierre d'Arablai, il fut conclu que la Loi Salique ne

permettait pas que les femmes héritassent de la couronne de France :
*c'est la première fois que dans notre Histoire il ait été fait mention
de la Loi Salique.* (C'est-à-dire qu'on la contesta.) Comme il y avait
beaucoup de mécontens dans le royaume, Philippe-le-Long les apaisa
tous par des dons. *Il donna à Eudes de Bourgogne Jeanne de France,
sa fille aînée, en mariage, et en dot le comté de Bourgogne;* par là
Eudes devint possesseur des deux Bourgognes. »

Le second fait de triomphe Salique rapporté par le même président
Hénault, à l'année 1592, est d'un à-propos... sans réplique. Déjà les
véritables Espagnols ne prévalurent pas d'abord : « Assemblée des
prétendus états convoqués à Paris par le duc de Mayenne. *Folle proposition des Espagnols, d'abolir la Loi Salique,* de ne point reconnaître le roi pour légitime souverain, quand même il se ferait catholique, et de déclarer *l'infante d'Espagne reine de France.* Le parlement séant à Paris rendit un arrêt solennel * *conforme aux lois
fondamentales du royaume.* M. le Maître, qui faisait la fonction de
premier président, montra une grande fermeté dans cette occasion.
Le duc de Mayenne, qui voit avec mépris la chimère de la cour d'Espagne, et avec indignation le peu de cas qu'elle faisait de lui, engage
les états à consentir à une conférence entre les catholiques des deux
partis : voilà tout le succès qu'eut cette assemblée, dont les Espagnols espéraient tant d'avantage. »

III.

LA LOI SALIQUE APPRÉCIÉE PAR VOLTAIRE.

Voltaire, tout ennemi philosophique qu'il était de toute antiquité,
de toute France, et surtout de toute Espagne, de toute légitimité,

---

* C'est ce que M. Dupin l'aîné appelle « *l'arrêt de la Loi Salique,* pro-

et il montre déjà les Anglais, ennemis politiques-nés de toute unité de pouvoir, de toute légitimité, de toute masculinité, de toute France.

Le morceau est magnifique, il fait partie du *Commentaire* du philosophe sur l'*Esprit des Lois* de Montesquieu, qui vote aussi, seulement par les petites raisons et par le petit *esprit*, pour la *Loi Salique* :

« Venons enfin à la grande querelle de Philippe de Valois, et d'Edouard III, roi d'Angleterre.

» Louis-Hutin, arrière-petit-fils de saint Louis, ne laissa qu'une fille (je ne parle point d'un fils posthume qui ne vécut que peu de jours). Qui devait succéder à Louis-Hutin? Etait-ce sa fille unique Jeanne, ou son second frère Philippe-le-Long? Louis n'avait point employé la formule, *ma chère fille, il y a une loi impie*. Il ne la connaissait pas sans doute : elle était ensevelie dans les *Formules* de Marculfe, depuis le VIIIe siècle, au fond de quelque couvent de bénédictins qui n'étaient pas si savans que les bénédictins d'aujourd'hui. Le duc de Bourgogne Eudes, oncle maternel de Jeanne, voulut en vain soutenir les droits de sa nièce; en vain il s'empara d'abord de la petite forteresse du Louvre; en vain il s'opposa au sacre; le parti de Philippe-le-Long fut le plus puissant. TOUT LE MONDE CRIAIT : LA LOI SALIQUE! la loi salique! qu'on ne connaissait que par ce peu de lignes qu'on répétait si aisément, *filles n'héritent point de terres saliques*. Philippe-le-Long régna, et *Jeanne fut oubliée*.

» Dès qu'il fut sacré, il convoqua, en 1317, une grande assemblée de notables, à la tête de laquelle était un cardinal nommé d'Arablai. L'université y fut appelée. Les membres laïques de cette assemblée qui savaient écrire, signèrent *que filles n'héritent point du royaume*. Les autres firent apposer leurs sceaux à cet instrument authentique. Et, ce qui est fort étrange, les membres de l'université ne le signèrent point; quoique la souscription d'une compagnie réputée alors la seule savante, et qu'on a nommée le concile perpétuel des Gaules, manquât à un acte si intéressant, *il n'en fut pas moins regardé comme une Loi fondamentale du Royaume*.

» Cette loi eut bientôt son plein effet à la mort de Philippe-le-Long. Il ne laissait que des filles; et, comme il avait succédé à son frère Louis-Hutin, son frère Charles-le-Bel lui succéda avec l'applaudissement de la France. La mort poursuivait ces trois jeunes frères.

noncé par Jean Le Maistre, fort et puissant jurisconsulte, président au parlement de Paris, arrêt qui fit ouvrir les portes de Paris au roi Henri IV. »

Leurs règnes ne remplirent en tout qu'une durée de treize ans. Charles-le-Bel, en mourant, ne laissa encore que des filles. Sa veuve Jeanne d'Evreux, était enceinte, il fallait nommer un régent. Le droit à cette régence fut disputé par les deux plus proches parens, le jeune Edouard III, roi d'Angleterre, neveu des trois rois de France derniers morts, et Philippe comte de Valois, leur cousin-germain. Edouard était neveu par sa mère, et Valois était cousin par son père. L'un alléguait la proximité, l'autre sa descendance par les mâles. La cause fut jugée à Paris dans une nouvelle assemblée de notables, composée de pairs, de hauts barons, et de tout ce qui pouvait représenter la nation.

» On décida d'une voix unanime que la mère d'Edouard n'avait pu transmettre à son fils aucun droit, puisqu'elle n'en avait pas. La cause des Anglais était bien mauvaise; mais ils disaient aux Français : « Ce n'est pas à vous à décider, vous êtes juges et parties, nous en appelons à Dieu et à notre épée. » Edouard en ce genre devint le meilleur avocat de l'Europe, et Dieu fut pour lui...

» Il faut avouer qu'Edouard fut un terrible ennemi, ou du moins un terrible interprète de la Loi Salique.

» Elle fut dans un plus grand danger quand le roi d'Angleterre Henri V fut reconnu roi de France par tous les ordres du royaume.

» Elle ne fut pas moins foulée aux pieds dans les états de Paris, quand Philippe II se disposait à donner la France à sa fille Claire-Eugénie. Personne ne peut savoir ce qui serait arrivé si la cour d'Espagne avait laissé le prince de Parme avec plus de troupes en France, et surtout si Henri IV n'avait eu la politique de changer de religion, et le bonheur d'être en même tems éclairé par la grâce.

» Cette Loi Salique est sans doute affermie; elle sera indisputable et fondamentale tant que la France aura *le bonheur d'avoir des Princes de cette Maison unique dans le monde*, qui règne depuis treize siècles. Mais je suppose qu'un jour, dans vingt à trente siècles, il ne reste qu'une seule princesse de ce sang si auguste et si cher; que fera-t-on de ces lignes qui disent : *filles n'auront aucune portion de terre?* que fera-t-on de la devise : *les lys ne filent point?* On assemblera les états-généraux; les descendans de nos secrétaires du roi, les chevaliers de Saint-Michel et de Saint-Lazare d'aujourd'hui, qui seront alors les ducs et pairs; les grands-officiers de la couronne, les gouverneurs de province brigueront le trône de la France. Je suppose que cette princesse, qui restera seule du sang royal, aura toutes les vertus que nous chérissons avec respect dans les princesses de nos jours ; je suppose encore qu'elle sera très-belle et très-séduisante ; en conscience, messieurs des états-généraux, lui refuserez-vous le trône où se seront assis ses pères pendant quatre mille ans, et cela sous prétexte qu'il ne faut pas que la Gaule passe de lance en quenouille ? »

Il est remarquable que la Loi Salique n'a guère jamais été méconnue et menacée que par les étrangers et pour eux, et surtout par et pour les Anglais, les éternels ennemis de l'Europe.

Elle est donc bien *nationale*, la Loi Salique !

Et l'on conçoit qu'elle ait contre elle M. Guizot, si *étranger* aux *affaires* de France, le vrai ministre des *affaires étrangères*, et de celles anglaises principalement !

IV.

LA LOI SALIQUE PROCLAMÉE PAR LES ANGLAIS, MALGRÉ LE TESTAMENT D'UN ROI.

Il n'est pas jusqu'à l'histoire de l'Angleterre, si dégénérée par les femmes depuis ses grands hommes, qui ne fasse foi, et de la Loi Salique, et de la toute puissance d'un fils de l'innocence à effacer les infortunes et à couronner les vertus d'un père.

Le morceau de Hume, qui n'est pas suspect, est décisif :

« Jamais la couronne d'Angleterre ne fut transmise avec plus de tranquillité du père au fils, qu'elle passa de la maison de Tudor à celle de Stuart. Pendant tout le règne d'Elisabeth, les yeux de la nation s'étaient employés à lui chercher un successeur ; et lorsque le grand âge de cette princesse fit envisager sa mort de plus près, le roi d'Ecosse parut le seul qui pût former de justes prétentions au trône. Il était arrière petit-fils de Marguerite, fille aînée de Henri VII, et *le défaut de la ligne masculine rendait ses droits incontestables*. Si la *religion de Marie-Stuart et d'autres préjugés* avaient été regardés comme un *obstacle considérable à sa succession*, CES OBJECTIONS QUI N'ONT DE FORCE QUE DANS DES CIRCONSTANCES TRÈS-RARES, NE POU-

VAIENT ÊTRE ALLÉGUÉES CONTRE SON FILS. D'un autre côté, on considérait que si le titre du sang avait été souvent violé depuis la conquête des Normands, ces licences étaient moins venues d'aucun principe délibéré que de la violence et de l'injustice. A la fin l'Héritier naturel avait prévalu, et son exclusion comme son rétablissement avait toujours été accompagnée de *convulsions assez vives pour faire sentir aux têtes prudentes le danger de ces irrégularités.* Il est vrai que *le testament* de Henri VIII, autorisé par acte du parlement, avait tacitement exclu la ligne d'Ecosse ; mais la tyrannie et *les caprices* de ce Monarque avaient rendu sa mémoire si odieuse, qu'un réglement de cette nature, destitué de toute justice, n'eut aucun poids pour le peuple. »

V.

UNE ALLIANCE DE FILLE DE ROI AVEC SON COUSIN, EN HAINE DE L'ÉTRANGER.

L'histoire en est rapportée par un écrivain qui n'est pas suspect de courtisanerie. C'est l'auteur de l'*Année française*, le fameux Manuel, qui fut depuis *conventionnel* et surnommé *l'ennemi des rois :*

Ce fait est le plus grand événement peut-être des tems modernes, car, sans lui, la France allait peut-être se trouver l'Autriche ; — c'est le plus célèbre des d'Orléans qui en eut, après le peuple français, l'honneur ; — et c'est une femme qui a failli lui en faire partager la honte !

Il s'agissait, toutefois, de donner à la fille de France pour époux... Charles-Quint !

Louis XII devina et lui préféra l'ami-né de la Patrie, le chevalier par excellence, celui qui devait être le rival de Charles-Quint, et qui ne perdit jamais plus son *honneur* que celui de la France : François Ier.

L'exemple est beau à suivre par et pour les Bourbons d'Espagne et de France, par des cortès et même par des congrès :

« Lorsque *la femme* de Louis XII voulut le forcer de marier la princesse sa fille à Charles d'Autriche, comme *il savait que ce mariage déplaisait à la nation*, il assembla les états à Tours. Ce fut là le plus beau triomphe de sa vie : il y paraît avec toute la pompe de la royauté. L'orateur de l'assemblée le remercia au nom de la France de son administration tutélaire, et le pria de ne point marier sa fille *à un étranger*, lui montrant le jeune duc de Valois comme *celui que le peuple désire*. Ce prince, qui avait douze ans, se jette à ses genoux ; tous les députés y tombent au même instant. Des larmes d'attendrissement et de plaisir coulent des yeux de Louis, qui promet une prompte réponse. Tous les grands sont invités à un seul conseil. Six jours après, il vient lui-même déclarer que, conformément à leur vœu, sa fille, qui n'avait encore que quatre ans, épouserait le duc de Valois. Un despote eut-il jamais de plus douce jouissance ? Il fut proclamé *le Père du peuple*, et c'est pour lui que fut fait le *Domine, salvum fac Regem.* »

VI.

UN PRINCE ÉTRANGER EN ESPAGNE JUGÉ PAR NOS ÉCRIVAINS NATIONAUX.

Tous les candidats à la main d'Isabelle, et par conséquent à la couronne, tous, sans exception, sont *étrangers*.

Et dans quel pays l'Angleterre ou l'Autriche, et la France *à leur suite* et pour elles, voudraient-elles importer, introniser à leur profit un *étranger* quelconque?

Dans celui précisément qui est le plus *national*, et qui hait le plus l'*étranger*.

Écoutons-le proclamer, dans un écrit *ad hoc* intitulé : *les Pyrénées*, par un *nationaliste* s'il en fut jamais....., M. Adolphe Thiers :

« Les Espagnols sont devenus *exclusifs* à peu près comme l'étaient les Hébreux, et ils ont porté à l'étranger une haine mêlée d'orgueil et de mépris. Telle est *la première cause du mauvais accueil que l'é-*

tranger recevra toujours chez les Espagnols. Il en est une autre de
la guerre mortelle qu'ils lui feront dans les défilés de la Péninsule,
c'est leur pauvreté, ainsi que le défaut d'un bien-être qui les attache
à leurs foyers et au repos. J'en ai déjà dit un mot en parlant des gué-
rillas. Un peuple sobre, qui n'a pas de besoins, qui n'a pas de ré-
colte à faire, pas de demeure à regretter, et qui, avec un mauvais
fusil, trouve souvent à se procurer ce qu'il n'a pas dans ses foyers,
sera *toujours prêt à guerroyer et à repousser l'invasion. Il hait l'é-
tranger ;* voilà la cause de son soulèvement. Il gagne plus qu'il ne
perd au métier de partisan, et voilà la cause de sa persévérance. La
durée de la lutte est moins ici l'effet d'un caractère soutenu que
d'un goût prononcé pour la guerre. La persévérance qu'on attribue
aux Espagnols serait en contradiction avec leur fougue connue, car
il n'est pas donné à l'homme de tout avoir, la vivacité et la durée des
affections. *Ils n'en feraient pas moins aujourd'hui ce qu'ils ont fait*
il y a dix ans, parce que *leur état est le même,* et qu'ils n'ont acquis,
ni beaucoup d'affection pour l'étranger, ni beaucoup de goût pour le
repos. *Il faut donc déplorer l'imprudence* qui conduirait nos jeunes
concitoyens dans un pays où la vieille vaillance de nos plus anciens
soldats n'a pu triompher. »

Un écrivain d'un bien autre talent et d'une illustration bien autre
a exprimé aussi à sa façon *l'indépendance* nationale de l'Espagne :

« Les Espagnols, dit M. de Châteaubriand, sont des *Arabes chrétiens ;* ils ont quelque chose de sauvage et d'imprévu. Le sang
mélangé du Cantabre, du Carthaginois, du Romain, du Vandale et
du Maure, qui coule dans leurs veines, ne coule point comme un
autre sang. Ils sont à la fois actifs, paresseux et graves. » — « Toute
nation paresseuse, remarque l'auteur de l'*Esprit des Lois,* est
grave, car ceux qui ne travaillent pas se regardent comme souverains de ceux qui travaillent. »

» Les Espagnols, ayant la plus haute idée d'eux-mêmes, ne se for-
ment pas du juste et de l'injuste la même idée que nous. Un pâtre
trans-pyrénéen, à la tête de ses troupeaux, jouit de l'individualité la
plus absolue.

» Dans ce pays, l'indépendance nuit à la liberté. Que font les droits
politiques à un homme qui ne s'en soucie point ; à un homme qui,
comme le Bédouin, armé de son escopette et suivi de ses moutons,
n'a besoin pour vivre que d'un gland, d'une figue, d'une olive ? Il

ne lui faut qu'un voyageur ennemi pour l'envoyer à Dieu, qu'une chevrière pauvre et fille d'un vieux père, pour l'aimer. « Père vieil et manche déchirée n'est pas déshonneur. » *Padre viejo, y mangea rota, no es deshonrra.* Le *majo* (berger) du Guadalquivir, lance en houlette, chevelure retenue par une résille, ne distingue jamais la chose de la personne, et réduit toute dissidence d'opinion à ce dilemme : *Tue ou meurs.* » — « L'Espagnol renferme sa vie dans son proverbe : *Oueja de casta, pasto de gracia, hijo de casa* (brebis de race, repas gratis, enfant de la Maison). »

Un politique plus grave de nos jours, et moins récusable encore, a supposé et proclamé la même horreur de l'Espagne pour un *étranger* quelconque. C'est M. Guizot, dans son traité *Du Gouvernement de la France depuis la restauration :*

« Un peuple a été soudainement envahi par l'étranger. Cet étranger lui a enlevé, par surprise, son Roi, lui en a imposé un autre, lui a fait, pendant six ans, une guerre acharnée ; ce peuple a résisté : ni la surprise, ni la défaite, ni l'occupation, ni l'inexpérience de la guerre, ni les plus cruelles épreuves, ni les plus longues incertitudes, rien n'a dompté son obstination ou rebuté son courage. Sans Roi, sans lois, sans armées, sans généraux, il s'est constamment défendu, cherchant dans le réveil de quelques institutions de liberté une ombre de gouvernement, et revendiquant toujours son monarque avec son indépendance. Son indépendance lui a été assurée ; son Monarque a repris le trône. »

Mais il nous faut surtout entendre celui des historiens de l'Espagne qui la connut le mieux, car il en savait parfaitement la langue et la littérature, et il en parcourut et habita toutes les provinces. Nous parlons de M. Alexandre de la Borde.

Son ouvrage porte cette épigraphe de Florus, plus vraie que jamais : *Viris, armisque nobilem Hispaniam.* « Les diverses provinces de l'Espagne se ressemblent toutes par un vrai caractère national qui leur est commun. *L'Orgueil national* est le même partout. L'Espagnol a généralement la plus haute idée de sa nation et de lui-même. On retrouve cette nationalité dans toutes les classes de la société, dans les crimes comme dans les vertus, chez les petits comme chez les grands, sous les haillons de la misère comme dans les palais des Rois. Les plus anciens historiens nous dépeignent le peuple espa-

gnol toujours le même, fier, glorieux, *dédaigneux des autres nations.* »

Les Bourbons, que les Espagnols ont achetés au prix de tant d'or
et de sang, n'ont fait que rendre les Espagnols plus orgueilleux de
leur pays, et plus *dédaigneux des autres nations.*

Et c'est encore M. Alexandre de la Borde, lieutenant-général, aide-
de-camp et conseiller-d'état de Louis-Philippe, qui a pris soin de le
développer dans l'*Introduction* de son *Espagne*, dont nous ne cite-
rons que ce résumé :

« Industrieux sous les Romains, guerriers sous les Goths, ambitieux sous les princes autrichiens, les Espagnols se trouvèrent, sous
Philippe V, dans cet équilibre heureux et pour ainsi dire *dans cet
âge de la sagesse* qui porte à employer l'expérience du passé à amé-
liorer l'héritage de ses pères... *C'est de cette époque,* à jamais célèbre
dans l'histoire d'Espagne, *que date la prospérité de ce royaume,*
qu'une réunion de circonstances plaça alors dans la véritable situa-
tion qui lui convenait autant pour son amélioration intérieure que
pour sa tranquillité au dehors. Liée d'intérêts avec la France, *son
éternelle rivale,* l'Espagne n'eut plus de guerres continentales à redou
ter, et RIEN qui dût retarder les progrès de son industrie. »

VII.

MANIFESTE DE M. DUPIN L'AINÉ.

Le plus savant et le plus dévoué des serviteurs du roi des Français, après Alexandre de la Borde, le *Procureur* du roi par excellence,
Dupin *l'aîné,* le prince légitime de sa race, qui s'était proclamé *l'a-
mant de la légitimité* dans sa *Circulaire aux électeurs* de Château-
Chinon, lui aussi proclama la *haine de l'étranger* comme moyen de
salut, et surtout les *dynasties légitimes.* C'était la veille de 1830. Le
25 décembre 1829. Et en audience solennelle, au milieu des applau-
dissemens de tout Paris et de toute la Presse * :

* M. Dupin l'aîné plaidait pour M. Bertin l'aîné et les *Débats,* et le se-

« LA DYNASTIE LÉGITIME,

» La Charte,

» L'intérêt français.

» *Avec cette devise* inscrite sur le drapeau de la France, vous n'au-
» rez à craindre ni LES USURPATEURS, ni les séditieux, NI LES
» ÉTRANGERS. »

Il dit ensuite ces paroles, encore plus vraies de l'Espagne que de
la France, et du prince des Asturies que d'un autre Prince :

« La Mère du duc de Bordeaux, *en reconduisant la Reine d'Espagne*, a été partout accueillie, comme elle devait l'être, par les Français pour lesquels ce jeune Prince est un objet d'espérance. Il n'aura
vu ni l'ancien régime, ni l'émigration. *Il sera de son siècle*, il ap-
prendra que les Français aiment leurs Princes, qu'ils aiment aussi
la liberté, que c'est *un peuple fier et libre qu'il est appelé à gouverner*. Son auguste Mère a pu s'en convaincre par les acclamations qui
ont retenti autour d'elle, et c'est ainsi que ce voyage peut faire partie de l'éducation du Duc de Bordeaux. »

M. Dupin a fait plus et mieux encore, s'il est possible; il a fait et
publié un Traité, une apologie de la Loi exclusive de tout autre
Prince que celui des Asturies sur le trône d'Espagne, et surtout d'un
Prince d'Orléans;... une Apologie enfin *ex professo* de la *Loi Salique*.

Et précisément dans l'intérêt même, dans l'intérêt spécial, et, on
peut le dire, sous la dictée du Palais-Royal et de la Maison d'Orléans...., en tête du *Traité de* leurs *Apanages !*

L'*Apanage d'Orléans*, propre à l'*Aîné* et aux *Mâles* exclusivement, et que l'auteur appelle une *Loi de l'État*, n'est pas autre chose
que la *Loi Salique* à l'usage des d'Orléans, et la *Loi Salique* au
petit pied.

[Elle est le *Droit commun*, le *Droit national* de toute la noblesse,

cond de ces nobles *aînés* se leva enfin pour montrer *ses cheveux blanchis
au service de la légitimité*, et dire, *d'une voix qui tombe et d'une ardeur
qui s'éteint :* « Je n'ai jamais écrit ou laissé écrire une ligne dans le *Journal des Débats*, laquelle n'eût pour but la défense des principes qui pou-
vaient *seuls*, selon moi, rendre au souverain légitime *son royaume usurpé*,
à la France ses libertés perdues. »

et même de toute la propriété d'Espagne, comme de celles d'Angleterre, sous le titre de *Mayorasgos*. (*V*. Alex. de Laborde.)]

Le Livre de M. Dupin est intitulé : « *Traité des Apanages*, avec les
» lois sur la *Liste civile* et la *Dotation de la Couronne*, par M. Dupin,
» Docteur en droit, ancien Bâtonnier de l'ordre des avocats, Procu-
» reur-général à la Cour de Cassation, Président de la Chambre des
» Députés. » (Il a rougi des deux *Académies!*) Et, en vérité, l'auteur, auquel la *tête* devait alors *tourner*, pouvait dire, ce qu'il fait dire aux immortels Jésuites : *Sumus Legio.*

Son livre est le *livre de la famille*, le livre de la fortune, de la *bonne fortune*, le *Grand livre*, le *Livre Rouge* par excellence et des d'Orléans et des Dupins.

Raillerie à part, nous le citons d'après la 3e édition, 1835 :

« *De la Loi Salique.*

» La *Loi Salique* est, comme on sait, la loi fondamentale des *Francs Saliens*, rédigée par un petit nombre de prud'hommes choisis dans la nation par la nation elle-même, véritable Loi Nationale : *Pactum Legis Salicæ*.*

» Chez les Francs, les terres étaient publiques. Chaque année, la distribution s'en faisait aux membres des différentes tribus, en raison du nombre de leurs troupeaux et de leurs moyens de culture. Cependant chaque chef de famille possédait patrimonialement une habitation et quelques arpens qui en formaient l'enceinte. On donnait à cette habitation et à son enceinte la dénomination de *terres saliques*; et c'est à cette terre salique que les mâles succédaient à l'exclusion des femmes **.

» On ne connaît aucun exemple de dérogation à cette coutume avant l'invasion des Gaules; mais après la conquête, on tint moins à son

---

* *Sunt autem electi de pluribus viri quatuor his nominibus, Wisogast, Bodogast, Salogast, Windogast... Qui per tres mallos* (assemblées publiques, Ducange) *convenientes, omnes causarum origines sollicitè discurrendo* (*aliàs, discutiendo*) *tractantes de singulis, judicium decreverunt hoc modo*, etc. (Préambule de la Loi Salique, édition d'Hérold.)

** *Voy.* Ducange. 17e *Dissertation sur Joinville*, du mot *sale*, et par occasion des *lois et terres saliques*.   (*Notes de M. Dupin.*)

exécution. Dès le milieu du VIIe siècle, il était reçu que le père pouvait appeler ses filles au partage de tout ce qu'il possédait, concur-
remment avec leurs frères. Marculfe nous a conservé la formule de
ces actes de rappel. Le père y dit en parlant à sa fille : « Une an-
» cienne coutume vous rend inhabile à succéder à mes propres ; mais
» comme vous m'êtes tous également chers, je veux et entends qu'a-
» près ma mort ma succession soit partagée entre mes fils, vos frères,
» et vous, par portion égale : »

» *Ut tàm de alode paternâ, quàm de comparato, æquale lance cum
filiis meis, germanis tuis, dividere vel exæquare debeas.*

» On ignore si ces dérogations à la loi commune étaient plus ou
moins fréquentes. Les nuages qui couvrent ces tems reculés nous
laissent à peine entrevoir ce qui s'y passait. Cependant on peut con-
jecturer qu'elles étaient fort rares. En 788, Charlemagne fit réunir
les lois des Francs en un seul code, sous le titre de *Pactum Legis
Salicæ*, et la disposition qui déclare les filles inhabiles à succéder à
la terre Salique y est consignée en termes si absolus, qu'il est difficile de ne pas les regarder comme exclusifs de toute espèce d'exceptions. Ces termes, les voici : « *De terrâ verò Salicâ, nulla portio
» hæreditatis mulieri veniat, sed ad* VIRILEM SEXUM *tota terræ hære-
» ditas perveniat.* »

» Comme le domaine de la couronne était mis au rang des terres
saliques, cette loi s'appliquait à la famille royale de même qu'aux
familles particulières. Tout à la fois politique et civile, elle réglait la
succession à la couronne ; et, relativement aux femmes, le trône,
comme tout ce qui était compris sous la dénomination de terres saliques, était hors de la succession du père commun.

» Si des changemens à cet ordre de succéder ont été tolérés quelquefois ; si, dans certaines circonstances, la volonté du père a prévalu sur celle de la loi, cela ne s'est vu que dans des familles particulières ; et la disposition de la Loi Salique a constamment réglé la
succession au trône, sans altération, ni dérogation.

» Presque tous les rois des deux premières races ont eu des filles.
Clovis en a laissé une, Charlemagne six, Louis-le-Débonnaire quatre, Louis-le-Bègue deux ; toutes ces princesses avaient épousé les
seigneurs les plus puissans d'alors. Ces hommes, dont le courage
infatigable et féroce ne respirait que la guerre, n'auraient pas man-
qué de faire valoir les droits de leurs femmes au trône, s'ils avaient
pu leur en supposer. Cependant aucun d'eux, pendant les quatre

siècles qui se sont écoulés depuis Clovis jusqu'à l'avènement d'Hugues-Capet au trône, n'a fait entendre la plus légère réclamation.

» Sous la troisième dynastie, même exclusion des femmes, même observation de la Loi Salique. Depuis le commencement du XIVe siècle jusqu'à nos jours, elle a reçu huit fois son application, 1° à la fille de Louis-le-Hutin ; 2° aux filles de Philippe-le-Long ; 3° à la fille de Charles-le-Bel ; 4° aux filles de Louis XI ; 5° aux filles de Louis XII ; 6° à la fille de Charles IX ; 7° aux filles de Henri III ; 8° à la fille de Louis XVI.

» Deux circonstances solennelles, dans lesquelles l'ambition des compétiteurs a tenté d'y apporter quelque atteinte, n'ont servi qu'à rendre le principe plus certain, et affermir davantage cette Loi Fondamentale.

» Après la mort de Louis-le-Hutin, qui laissa une fille, le duc de Bourgogne, oncle de cette princesse, prétendit que la couronne lui appartenait. C'était la première fois que cette difficulté s'élevait. Pour la résoudre, Philippe-le-Long convoqua les grands du royaume, et, dans cette assemblée, il fut décidé que la Loi Salique ne permettait pas que les femmes succédassent au royaume de France.

» Charles-le-Bel n'ayant de même laissé qu'une fille, Edouard III, roi d'Angleterre, éleva la même prétention. Il était par sa mère petit-fils de Philippe-le-Bel et neveu du dernier roi, par conséquent, plus près que Philippe de Valois, qui n'en était que le cousin. La prétention d'Edouard, soumise à une assemblée composée de douze pairs de France et d'un grand nombre de barons, ne fut pas jugée meilleure que celle de Jeanne, fille de Louis-le-Hutin. Il était mâle à la vérité, mais il descendait d'une fille, et la Loi Salique lui fut appliquée.

» Dans le mémorable arrêt du Parlement de Paris des 3 et 5 mai 1788, le principe de la Loi Salique est rappelé en ces termes :

« La Cour.....

» Déclare que la France est une monarchie gouvernée par le Roi » suivant les lois ;

» Que de ces lois, plusieurs, qui sont fondamentales, embrassent » et consacrent :

» Le droit de la maison régnante au trône, de mâle en mâle, » par ordre de primogéniture, *à l'exclusion des filles et de leurs des-* » *cendans.* »

» Ces derniers mots, si essentiels, puisqu'ils sont l'expression de la

Loi Salique, ont été omis par plusieurs historiens *, notamment par M. Lacretelle, *Histoire du XVIIIe siècle*, et par l'auteur de la *Revue chronologique de l'Histoire de France*.

» Le président Hénault, dans ses *Considérations sur l'avènement de Pépin*, année 751, fait la remarque suivante : « Sous la troisième » race, le droit successif héréditaire s'est si bien établi, que les Rois » *ne sont plus les maîtres de déranger l'ordre de la succession ;* et que » la couronne appartient à leur aîné par une coutume établie ; la- » quelle, dit Jérôme Bignon, est plus forte que la loi même : cette loi » ayant été gravée, non dans du marbre ou en du cuivre, mais dans » le cœur des Français. »

» Ainsi, le royaume de France ne pourrait pas, ainsi qu'on a vu d'autres États, être donné ou légué comme une métairie par *le testament* ou une *disposition quelconque* du Roi régnant. La couronne se transmet par la loi du royaume, et *non par la volonté et le caprice de l'homme :* à la mort de chaque Roi, son successeur légitime est roi par la seule force du droit, et sans qu'il puisse lui être préjudicié, 1° ni par *adoption ;* 2° ni par *légitimation* de bâtards ; 3° ni par *mariage ;* 4° ni par *intercalation, rappel* ou *naturalisation* de PRINCES ÉTRANGERS.

» François Hotman, célèbre jurisconsulte du XVIe siècle, a fait un petit *Traité de la Loi Salique*, très-court et fort curieux ; il n'a guère que vingt-quatre pages in-12, et dit tout ce qu'il faut. On peut y voir la réponse qu'il prête à *Madame Blanche de France*, épouse de Phi-lippe de France, duc d'Orléans **, troisième fils de Philippe de Va-

* On n'est pas moins surpris de voir que le célèbre peintre Gros, qui a composé sa belle coupole de Sainte-Geneviève des groupes de Clovis, de Charlemagne, de Saint-Louis et de Louis XVIII, en signalant ces trois derniers par les mots *capitulaires, établissemens* et *Charte,* nobles fruits de leur législation, ait omis d'inscrire sur l'écusson de Clovis la *Loi Salique,* dont ce prince a été le premier réformateur, après son baptême, comme le porte le préambule même de cette loi. (*Note de l'auteur.*)

** Les d'Orléans, par une fatalité incroyable, se trouvent mêlés à toutes les querelles et à toutes les attaques, à toutes les défenses intéressées de la *Loi Salique :*

« Le plan de *Stair* (le *Thiers,* le *roué* anglais du régent), dit Marmon-» tel, était de lier le roi d'Angleterre et le duc d'Orléans comme ayant be-» soin l'un de l'autre : il offrait l'appui de son roi pour soutenir les droits » du prince à la régence, et son autorité quand il serait régent ; il ajoutait

lois, dans une querelle qu'elle eut avec ce dernier; nous ne la rap-
portons point à cause de sa gaillardise toute *virile;* les curieux n'auront qu'à recourir au livre. »

VIII.

LE MANIFESTE DE LA BRUYÈRE.

Ille crucem sceleris pretium tulit, hic Diadema!.....
XIII *Satire* de JUVÉNAL.

« O tems! ô meurs! s'écrie HÉRACLITE, ô malheureux siècle, siècle
rempli de *mauvais exemples*, où la vertu souffre, *où le crime domine,
où il triomphe!* Je veux être un LYCAON, un ÆGISTE , l'occasion ne
peut être meilleure, ni les conjonctures plus favorables, si je désire du
moins de fleurir et de prospérer. Un homme dit : Je passerai la mer,
*je dépouillerai mon père de son patrimoine, je le chasserai lui, sa
femme, son héritier,* de ses terres et de ses états : et comme il l'a dit,
il l'a fait. Ce qu'il devait appréhender, c'était le ressentiment de plusieurs rois, qu'il outrage en la personne d'un seul Roi, *mais ils tien-
nent pour lui; ils lui ont presque dit : Passez la mer , dépouillez
votre père;* montrez à tout l'univers qu'on peut chasser un Roi de son
royaume, ainsi qu'un petit seigneur de son château , ou un fermier
de sa métairie; qu'il n'y ait plus de différence entre de simples par-
ticuliers et nous, nous sommes las de ces distinctions : apprenez au
monde que ces peuples que Dieu a mis sous nos pieds peuvent nous
abandonner, nous trahir , nous livrer , se livrer eux-mêmes *à un
Etranger;* et qu'ils ont moins à craindre de nous que nous d'eux et

» que, *vu la faible enfance de Louis XV*, il était possible que le duc d'Or-
» léans se trouvât tout à coup, avec le roi d'Espagne, dans la même posi-
» tion que le roi d'Angleterre avec le prétendant , et qu'*il serait alors de
» l'intérêt commun des deux usurpateurs* (car il tranchait le terme) de se
» prêter un mutuel secours.»

de leur puissance. Qui pourrait voir des choses si tristes avec des yeux secs et une ame tranquille? Il n'y a point de charges qui n'aient leurs priviléges : il n'y a aucun titulaire qui ne parle, qui ne plaide, qui ne s'agite pour les défendre : la dignité royale seule n'a plus de priviléges, *les Rois eux-mêmes y ont renoncé. Un seul, toujours bon et magnanime, ouvre ses bras à une famille malheureuse.* Tous les autres se liguent comme pour se venger de lui , et de l'appui qu'il donne à une cause qui lui est commune : l'esprit de pique et de jalousie prévaut chez eux à l'intérêt de l'honneur, de la religion , de leur état. Est-ce assez ? A leur intérêt personnel et domestique, il y va , je ne dis pas de leur élection , mais de leur succession , de leurs droits, comme héréditaires ; enfin, dans tout, l'homme l'emporte sur le souverain. »

Mais le bon La Bruyère, qui l'entendait bien, ne l'entendait point assez, lorsqu'il croyait *le crime triomphant* de l'usurpation de *l'étranger et des rois* qui *tenaient pour* l'usurpateur ; et un Roi *seul......* , *toujours bon et magnanime, ouvrir* en Roi , mais en vain , *les bras à une Famille royale malheureuse?*

La Providence des nations et des Rois, qui est *patiente parce qu'elle est éternelle*, attendait à peine quelques années pour frapper d'une main les enfans ingrats du Roi et de la Reine d'Angleterre, et pour récompenser de l'autre le Roi *seul toujours bon et magnanime.*

La Bruyère, qui ne l'avait pas prévue, n'était pas digne de voir, et il mourut peu avant cette double justice temporelle de Dieu :

Guillaume, lui, mourut peu après...; — dans la force de l'âge ; — après un règne de treize ans ; — à travers les tentatives d'assassinat (au point de passer sa vie en Hollande plus qu'en Angleterre, d'où il fut forcé de renvoyer sa garde hollandaise) ; — d'une chute de cheval ; — dans le mois de *mars* , fatal aux usurpateurs ; — l'année même que l'Espagne accueillit pour Roi le petit-fils du grand Roi de France ; — et que ce petit-fils, en personne, à la tête de l'armée française, battait les impériaux et les Anglais en Italie !

L'empereur Léopold * lui-même, compère de l'usurpation de Guillaume, ne survécut pas deux ans à Guillaume.

---

* Le grand fait de *complicité* de Léopold est reconnu par le présiden Hénault, qui en proclame un autre à l'année 1700 :

« La mort du prince électoral de Bavière donne lieu au second traité de partage signé à Londres, le 13 mars, et à la Haye, le 25, entre les mêmes

Et quelles furent, quelles sont encore les destinées de la Famille
de l'usurpateur Guillaume, que *l'histoire, la fable convenue* de nos
jours, tient encore pour heureuse, peut-être ?... Même *selon le monde,*
elle fut plus *malheureuse* que les *Stuarts.* — Marie, sa femme, ingrate
sans doute, elle aussi, et même plus, « *triste à mourir,* » comme il était
passé en proverbe, mourut jeune ; — la reine Anne, autre fille de
Jacques II et de la fille de l'avocat Hyde, dénaturée comme sa sœur
Marie, donna le jour à... dix-sept enfans, qu'elle vit mourir à la fleur
de l'âge TOUS ! « frappés de la main de Dieu, comme ceux de
Louis XIV de la main de..... l'homme. » — Georges Ier, Henri VIII au
petit pied, laissant ou plutôt faisant condamner sa femme innocente,
comme adultère, pour en reprendre une seconde coupable ; — tyran

puissances, par lesquelles le premier l'avait été. Ce second traité ne chan-
geait rien au premier par rapport à M. le dauphin, sinon que l'on y ajoutait
la Lorraine, et en dédommagement, le duc Léopold avait le Milanais, que
l'on ôtait à l'archiduc pour lui donner tout le reste de la monarchie d'Espagne. Les deux conditions de ce traité furent que l'Empereur accepterait
dans trois mois les conventions qu'il contenait, et que jamais la couronne
d'Espagne ne pourrait être réunie à l'empire sur une même tête. *Léopold
se croyait si sûr du Roi d'Espagne*, qu'il dédaigna les avantages qu'il ob-
tenait par ce traité, et *il ne fut plus tems d'y revenir lorsque* l'on eut connaissance du testament de Charles II. AINSI, L'AMBITION SEULE DE
L'EMPEREUR CAUSA LA GUERRE SUIVANTE.

» Second testament de Charles II, roi d'Espagne, du 2 octobre, par lequel il déclare hériter de toute la monarchie d'Espagne, Philippe de France,
duc d'Anjou, second fils de M. le dauphin ; à son défaut, soit qu'il mourût,
soit qu'il devînt roi de France, il appelle le duc de Berri, aux mêmes conditions ; à son défaut, l'archiduc Charles, sous la même réserve de ne pouvoir réunir l'empire et la couronne d'Espagne ; et puis enfin le duc de
Savoie. M. *le duc d'Orléans*, frère du roi, *qui avait été oublié dans ce
testament, fit ses protestations* le 1er décembre.

» Mort de Charles II, roi d'Espagne, le 1er de novembre, âgé de trente-
neuf ans. Le roi accepte le testament le 11 du même mois, et il le déclare
à l'ambassadeur d'Espagne le 16. Philippe V est proclamé roi à Madrid
le 24 et part de Versailles le 4 décembre. Le roi donna, le 3 février suivant,
des lettres patentes, par lesquelles il conserve au roi d'Espagne et *à ses
enfans mâles* le droit de succéder à la couronne de France. *L'Angleterre et
la Hollande reconnurent le nouveau roi ;* le duc de Savoie et le duc de
Bavière firent plus, ils agirent pour lui. L'empereur fit ses protestations,
les autres puissances de l'Europe demeurèrent neutres, et tout le monde se
prépara à la guerre. »

de son propre fils, et, par surcroît, sanguinaire envers les héros de la fidélité ; — Georges II, cruel comme Georges Ier, et frappé, à son tour, dans son fils aîné, mort à la fleur de l'âge, et dans le second, Georges III, mort fou ; — le roi Georges IV, obligé de poursuivre la reine comme adultère du cocher Bergami, et n'ayant qu'une fille unique morte à la fleur de l'âge à son tour.

La jeune Victoria ne manque pas de tems pour voir confirmer la justice de Dieu !

IX.

LE BON LA FONTAINE ÉLECTEUR DU ROI D'ESPAGNE.

La Laitière et le Pot au Lait.

Perrette, sur sa tête ayant un pot au lait,
    Bien posé sur un coussinet,
Prétendait arriver sans encombre à la ville.
Légère et court vêtue, elle allait à grands pas,
Ayant mis ce jour-là, pour être plus agile,
    Cotillon simple et souliers plats.
    Notre laitière, ainsi troussée,
    Comptait déjà dans sa pensée
Tout le prix de son lait, en employait l'argent,
Achetait un cent d'œufs, faisait triple couvée,
La chose allait à bien par son soin diligent.
    Il m'est, disait-elle, facile
D'élever des poulets autour de ma maison :
    Le renard sera bien habile,
S'il ne m'en laisse assez pour avoir un cochon.
Le porc, à s'engraisser, coûtera peu de son ;
Il était, quand je l'eus, de grosseur raisonnable.
J'aurai, le revendant, de l'argent bel et bon ;
Et qui m'empêchera de mettre en notre étable,
Vu le prix dont il est, une vache et son veau,
Que je verrai sauter au milieu du troupeau ?

Perrette, là-dessus, saute aussi transportée.
Le lait tombe : adieu veau, vache, cochon, couvée ;
La dame de ces biens, quittant d'un œil marri
    Sa fortune ainsi répandue,
     Va s'excuser à son mari,
     En grand danger d'être battue.
    Le récit en farce fut fait,
    On l'appela *le Pot au lait.*

    Quel esprit ne bat la campagne ?
    Qui ne fait châteaux en Espagne ?
Pichrocole, Pyrrhus, la laitière, enfin tous,
    Autant les sages que les fous ?
Chacun songe en veillant, il n'est rien de plus doux :
Une flatteuse erreur emporte alors nos ames :
    Tout le bien du monde est à nous,
    Tous les honneurs, toutes les femmes.
Quand je suis seul, je fais au plus brave un défi :
Je m'écarte, *je vais détrôner le Sophi :*
    On m'élit roi, mon peuple m'aime :
Les diadèmes vont sur ma tête pleuvant.

Le Soleil et les Grenouilles.

Aux noces d'un tyran, tout le peuple en liesse
    Noyait son souci dans les pots.
Esope seul trouvait que les gens étaient sots
    De témoigner tant d'allégresse.

Le Soleil, disait-il, eut dessein autrefois
    De songer à l'hyménée.
Aussitôt on ouït, d'une commune voix,
    Se plaindre de leur destinée
    Les citoyennes des étangs.
    Que ferons-nous, *s'il lui vient des enfans ?*
    Dirent-elles au sort : *un seul Soleil à peine*

Se peut souffrir ; une demi-douzaine
Mettra la mer à sec et tous ses habitans.
Adieu joncs et marais ; notre race est détruite :
  Bientôt on la verra réduite
 A l'eau du Styx. Pour un pauvre animal,
Grenouilles, à mon sens, ne raisonnaient pas mal.

———

Le Renard, le Singe et les Animaux.

Les *Animaux*, au décès d'un lion,
En son vivant prince de la contrée,
Pour faire un roi s'assemblèrent, dit-on.
De son étui la couronne est tirée.
Dans *une chartre* un dragon la gardait.
Il se trouva que, sur tous essayée,
A pas un d'eux elle ne convenait.
Plusieurs avaient la tête trop menue,
Aucuns trop grosse, aucuns même cornue.
Le singe aussi fit l'épreuve en riant,
Et, par plaisir, la thiare essayant,
Il fit autour force grimaceries,
Tours de souplesse et mille singeries,
Passa dedans ainsi qu'en un cerceau.
Aux animaux cela sembla si beau,
Qu'il *fut élu :* chacun lui fit hommage.
Le renard seul regretta son suffrage,
Sans toutefois montrer son sentiment ;
Quand il eut fait son petit compliment,
Il dit au roi : « Je sais, Sire, une cache,
Et ne crois pas qu'autre que moi la sache.
Or *tout trésor*, par droit de royauté,
Appartient, Sire, à Votre Majesté.
Le nouveau roi bâille après la finance :
Lui-même y court pour n'être pas trompé.
C'était un piége : *il y fut attrapé.*
Le renard dit, au nom de l'assistance :

Prétendrais-tu nous gouverner encor,
Ne sachant pas te conduire toi-même?
Il fut démis, et l'*on tomba d'accord*,
Qu'*à peu de gens convient le diadème.*

Et le même La Fontaine ne semble-t-il pas avoir dit, en aussi beaux vers épiques qu'en beaux vers figurés, pour les Dauphins d'Espagne comme pour ceux de France..... :

Je me sers d'animaux pour instruire les hommes :
Ce qu'ils disent s'adresse à tous tant que nous sommes.....
Illustre rejeton d'un prince aimé des cieux,
Sur qui le monde entier a maintenant les yeux,
Et qui, faisant fléchir les plus superbes têtes,
Comptera désormais ses jours par ses conquêtes,
Quelque autre te dira, d'une plus forte voix,
Les faits de tes aïeux, et leurs vertus de Rois.

X.

L'histoire, et par conséquent la poésie, et surtout la dramatique (car elle est essentiellement l'esclave de l'histoire et de l'opinion), ne changent pas, elles recommencent. Et nous ne voudrions que ce dialogue entre *un fidèle* et *un infidèle* dans *Adélaïde du Guesclin*, pour prouver le Prince des Asturies : seulement, au lieu de *France désolée*, dans les vers, mettez *l'Espagne*, et à la place de *Vendôme*, *d'Orléans.*

Si jamais le duc d'Aumale était l'époux d'Isabelle, ce ne serait que sous le bon plaisir des Anglais. Il commencerait comme Vendôme, et ne finirait sans doute pas comme lui; et le Prince des Asturies n'en serait qu'un peu plus sûr d'être Roi, *tôt ou tard*, comme va dire le poète :

COUCY.

Je n'approuvai jamais la fatale alliance
Qui l'unit aux Anglais (Vendôme) et l'enlève à la France.
. . . .
Je prévois que bientôt cette guerre fatale,
Ces troubles intestins de la maison royale,

Ces tristes factions céderont au danger
D'abandonner la France aux fils de l'étranger.
Je vois que de l'Anglais la race est peu chérie ;
Que leur joug est pesant, qu'on aime la patrie,
Que *le sang des Capets est toujours adoré.*
Tôt ou tard il faudra que de ce tronc sacré
Les rameaux, divisés et courbés par l'orage,
Plus unis et plus beaux soient notre unique ombrage.

VENDOME.

D'un bras vraiment français, je vais dans nos remparts
Sous les Lys triomphans briser les Léopards.

COUCY.

Ecoutez : ce serait le comble de mes vœux
De pouvoir aujourd'hui vous réunir tous deux.
Je vois avec regret la France désolée,
A nos dissensions la patrie immolée,
Sur nos communs débris l'Anglais trop élevé
Menaçant cet état par nous-mêmes énervé.
Si vous avez un cœur digne de votre race,
Faites au bien public servir votre disgrâce ;
Rapprochez les partis ; unissez-vous à moi
Pour calmer votre frère et fléchir votre Roi,
Pour éteindre le feu de nos guerres civiles.

COUCY.

Je ne souffrirai pas que l'Anglais en ces lieux,
Protecteur insolent, commande sous mes yeux.

La pièce finit par le retour du duc de Vendôme, qui était passé à l'Angleterre *quoique Bourbon*, et qui revint à la France *parce que Bourbon*. Il s'écrie (et ce fut en 1814, en présence de Wellington et de Castlereagh interdits, et aux bravos incessans des *Français !*) :

Allez apprendre au Roi pour qui vous combattez
Mon crime, mes remords et vos félicités.
Allez ! Ainsi que vous je vais le reconnaître.
Sur nos remparts soumis amenez votre maître ;
Il est déjà le mien ! Nous, allons à ses pieds
Abaisser sans regret nos fronts humiliés.
J'égalerai pour lui votre intrépide zèle ;
Bon Français, meilleur frère, ami, sujet fidèle,
Es-tu content, Coucy ?

COUCY.

J'ai le prix de mes soins,
Et du sang des Bourbons je n'attendais pas moins.

———

XI.

MANIFESTE DU ROI DES FRANÇAIS SUR LA LOI SALIQUE ET LE MARIAGE
D'UNE ISABELLE D'ESPAGNE.

Il s'agissait en effet déjà d'une infante *Isabelle* ; — cette *Isabelle*
était par son père, par son âge, par ses précédens, par sa capacité
hors de ligne, par ses vertus, susceptible de royauté personnelle,
si femme en fut jamais susceptible ; — elle avait pour elle en France
la plus puissante organisation sociale qui fût jamais : la Ligue ; — et
la plus grande et la plus forte alors de ssouverainetés européennes :
l'Espagne.

Et, toutefois, elle ne put ou ne voulut régner jamais ; et ce fut sa
gloire ; et c'est le roi actuel des Français, car c'est son bibliothé-
caire, son favori, son conseiller-d'état privé, M. Vatout, qui va le proclamer dans sa *Galerie d'Orléans.*

« Isabelle, infante d'Espagne, duchesse de Brabant, comtesse de
Flandre, naquit, en 1566, de Philippe II, roi d'Espagne, et d'Elisabeth de France, fille de Henri II.

» L'affection que le roi, son père, avait pour elle, était le seul sentiment tendre qui eût pénétré dans cette ame de fer. « Vous pouvez
» croire, dit M. de Nevers, qu'en l'âge de vingt-six ans, l'infante gou-
» verne tous les états du roy son père ; car elle le soulage infiniment
» en toutes les grandes despesches qu'il fait, l'aïant nourrie auprès
» de lui, et instruite aux affaires : voire, elle signe les lettres au lieu
» du roy, ayant *appris si bien à contrefaire sa signature*, que les am-
» bassadeurs et autres n'y connaissaient aucune différence. Pour
» cette occasion, le roy la mène ordinairement avec luy quand il se
» retire en son monastère de l'Escurial, afin d'être soulagé par elle,
» comme il l'est bien et fidèlement. »

» Après la mort de Henri III, Philippe II voulut faire servir sa fille d'instrument à son ambition, et *placer la couronne de France sur sa tête.* Le duc de *Féria* et *Mendose* pressèrent le duc de Mayenne d'adopter ce projet : « L'infante Isabelle, disaient les Espagnols, succède » de droit au trône comme la plus proche héritière de Henri III ; ou, » si l'élection appartient à la nation , c'est encore Isabelle qui doit » régner : la France doit cet hommage de reconnaissance au roi » d'Espagne ! » Ils proposaient en même tems d'unir la princesse au duc Charles de Guise, fille du Balafré. Mayenne opposa à ces prétentions l'attachement des Français pour la Loi Salique, et LEUR HAINE POUR L'ÉTRANGER. Le parlement consacra, par son arrêt du 28 juin 1593, ces principes *conservateurs de la monarchie* et de l'honneur national ; et *Philippe vit s'évanouir ses orgueilleuses espérances.* On lit dans la satire Ménippée , que l'on avait représenté l'infante avec le duc de Guise , face à face dans une même caricature , au bas de laquelle on avait inscrit ces vers :

> Les *Français Espagnols* ont fait un roi de France ;
> A l'infante d'Espagne ils ont ce roi promis ;
> Royauté bien petite et de peu d'importance ,
> Car leur France est comprise en l'enclos de Paris.
> N'apporte à cette fois pour *ce froid mariage* ,
> O hymen ! Dieu nopcier, ton paisible flambeau.
> De ces corps éloignés on assemble l'image ,
> Qui font l'amour des yeux tous deux en un tableau.
> C'est une royauté seulement en figure ;
> La feinte et non l'amour ce mariage a fait ;
> *C'est bien raison qu'estant roi de France en peinture,*
> *D'une reyne on lui fasse épouser le pourtrait.*

» L'infante, dont la main avait été successivement offerte aux ducs de Nemours et de Guise, et au jeune cardinal de Bourbon Vendôme, ne recueillit de toutes ces intrigues que le surnom d'*Espousée de la Ligue ;* mais, en 1597, elle épousa le cardinal-archiduc, lui apporta en dot les Pays-Bas, et vint fixer sa cour à Bruxelles, où elle fut reçue avec la plus grande magnificence. Malgré l'avantage de ses droits , elle crut devoir abandonner les soins du gouvernement à l'archiduc, son époux , dont les brillantes qualités justifiaient cette confiance. *Elle ne se réserva du pouvoir suprême que l'heureux privilége de ré-*

pandre les grâces et les bienfaits ; et son nom fut béni par tous ses sujets.

» L'archiduc étant mort l'an 1621 , Isabelle prit le voile peu de tems après, et mourut en 1633. Voici les traits principaux du portrait que le cardinal Bentivoglio a laissé de cette princesse, *nella relazione delle provincie unite di Fiandra* : « Sa taille est plutôt au dessus qu'au
» dessous de la taille ordinaire des femmes : son visage offre un mé-
» lange de beauté et de majesté : la grâce règne dans toutes les habi-
» tudes de sa personne ; et son regard et son langage respirent quel-
» que chose de si noble et de si doux à la fois, qu'ils subjuguent tous
» les cœurs. Elle se plaît à faire de l'exercice ; elle aime les plaisirs
» de la campagne. Souvent on la voit guider elle-même à cheval la
» chasse dans les bois. Sous le rapport des qualités de l'ame et de
» l'esprit, c'est sans contredit une des princesses les plus remarqua-
» bles qui aient jamais existé. On retrouve en elle les royales vertus
» de la grande Isabelle de Castille, dont elle porte le nom, et dont le
» noble sang coule dans ses veines ; bonne, affable, généreuse, on ne
» peut trop louer sa magnanimité, son amour pour la justice, et sur-
» tout sa piété et son zèle pour la religion. Douée d'un courage hé-
» roïque et supérieur à tous les coups de l'infortune, elle en donna
» une preuve éclatante après la bataille des Dunes , lorsqu'on lui fit
» parvenir successivement ces trois avis divers : *La bataille est per-*
» *due ; l'archiduc est prisonnier ; l'archiduc est libre , mais grièvement*
» *blessé !* L'archiduc aime à s'éclairer de ses conseils ; il met à profit
» l'expérience d'un génie formé à l'école de Philippe II. Tendrement
» chérie de son époux , elle le chérit avec la même tendresse ; *on di-*
» *rait qu'une seule ame anime ce couple glorieux ;* enfin, si l'on pou-
» vait remarquer quelque défaut dans l'archiduc , il serait aisément
» suppléé par une des perfections qui brillent en surabondance dans
» l'archiduchesse. »

XII.

MANIFESTE ET RESTAURATION D'UN PRINCE LÉGITIME PAR EXCELLENCE.

Tout le monde sait avec quelle facilité, avec quel bonheur s'opéra la Restauration d'Henri IV en France.... : Henri IV, l'aïeul et le modèle de Charles V !

C'est qu'elle était le seul moyen de salut de tout et de tous.

Le plus fameux des Ligueurs, le Grand-Maître de Navarre (l'*Université* du tems), Rose, publia ouvertement « qu'il commençait à croire, » à cette heure, ce qu'il n'avait jamais voulu regarder que comme » une imputation calomnieuse des chrétiens, savoir que les Espagnols, » sous prétexte de religion, ne cherchaient qu'à satisfaire leur am- » bition ; que la *Loi Salique*, observée depuis douze cents ans en » France, ne permettait à cet empire d'*autres maîtres que les mâles* » *du sang royal;* et que, si les Espagnols s'obstinaient dans leurs » pernicieux projets, ils auraient pour ennemis lui et tous les catho- » liques de bonne foi. »

Et, par son mémorable Arrêt du 28 juin 1593, le Parlement de Paris avait enfin conclu comme Rose, et sur les conclusions conformes d'Edouard Molé (qui répondit au duc de Mayenne : « Je perdrai ma vie et mes biens avant que de jamais être autre »). — « La Cour, sur les réquisitions faites par le Procureur-général, et la matière mise en délibération, toutes les chambres assemblées, n'ayant comme eell n'a jamais eu autre intention que de maintenir la Religion catholi- que, apostolique et romaine, en l'état et couronne de France, sous la protection d'un Roi Très-Chrétien, *Catholique* et *Français*, a or- donné et ordonne que remontrances seront faites, cette après-dînée, par M. le président Le Maistre, assisté d'un bon nombre de conseil- lers de ladite cour, à M. de Mayenne, lieutenant-général de l'état et couronne de France, en la présence des Princes et officiers de la couronne, étant de présent en cette ville, à ce qu'aucun traité ne se fasse pour transférer la Couronne en la main de Prince ou Princesse étrangers ; que les Lois fondamentales de ce royaume soient gardées, et les arrêts donnés par ladite cour, pour la *Déclaration* d'un Roi

catholique et français, soient exécutés, et qu'il ait à employer l'autorité qui lui est commise « pour empêcher que sous le prétexte de
» la religion *la Couronne ne soit transférée en Main étrangère* contre
» les Lois du royaume », et pourvoir, le plus promptement que faire
se pourra, au repos du peuple, pour l'extrême nécessité en laquelle
il est réduit; et néanmoins, dès à présent, a déclaré et *déclare tous
traités faits et qui se feront ci-après pour l'établissement d'un Prince
ou Princesse Etrangère nuls* et de nul effet et valeur, comme faits au
préjudice de la Loi Salique, et autres Lois fondamentales du Royaume
de France......»

Et puis, vous lisez dans tous les *Historiens de France :*

« Le plus grand nombre des nominations faites par Mayenne et
Guise furent confirmées par Henri. Ainsi, Villars resta amiral, et
La Châtre et Bois-Dauphin obtinrent la confirmation de leurs charges
de maréchaux de France. Toutes les bonnes lois, tous les bons ré-
glemens, tout ce qui avait été fait dans l'intérêt du pays et qui pouvait encore lui être utile, fut adopté et conservé avec gratitude par
Henri de Bourbon. Ainsi s'accomplit la prédiction d'un plaisant, qui
avait dit, lors de ces éminentes promotions : « Mayenne fait des bâtards qui seront un jour légitimés à ses dépens. »

» La clémence de Henri n'émut pas tout de suite Mayenne, qui se
réunit aux Espagnols, auxquels le Roi de France venait de déclarer
la guerre. Mais le sujet rebelle fut rencontré et défait par Henri à
Fontaine-*Française* le 5 juin 1595.

» A l'exception du *Duc d'Aumale* (le second des Mayenne et le petit prétendant de la couronne), qui continuait à guerroyer, les autres
révoltés se soumirent, y compris Mayenne. Alors Henri fit assembler
son conseil, et plusieurs membres furent d'avis de sévir contre « ceux
qui avaient rendu le royaume si malheureux pendant près de trente
ans. » Mais le Président Jeannin, ancien ligueur que Henri venait
d'appeler au Ministère, se levant, s'écria : « Le Roi n'est point un
usurpateur qui s'empare d'un trône ; c'est un Père long-tems mé-
connu qui rentre au milieu de sa famille, ET QUI DOIT TOUT OU-
BLIER ET TOUT PARDONNER. Point donc d'échafauds et de chaînes ;
point de menaces et de récriminations. N'ouvrons pas un nouveau
règne par des listes de proscriptions, et gardons-nous bien de per-
vertir par une fausse position la bonté du cœur de notre Roi. » —
« Jeannin a raison, interrompit le Roi en frappant sur l'épaule du

» président ; il comprend bien ma pensée. Je ne veux pas de persé-
» cutions. Je prétends être le père de mon peuple, et non pas son
» tyran. OUBLI, OUBLI COMPLET POUR TOUT CE QUI S'EST
» PASSÉ, et concorde, paix, union pour l'avenir. Vous m'avez en-
» tendu, Messieurs. »

» Le Conseil se rangea de l'avis du Monarque et du Président Jeannin, et l'Amnistie générale fut décidée. »

Mais, écoutons le roi des Français lui-même exprimer la facilité
d'une restauration par un roi de France. C'est dans son livre de famille, dans l'historique de sa belle *Galerie d'Orléans*, toute pleine de
Bourbons :

« Lorsque, le 22 mars 1594, Brissac, gouverneur de Paris, et
L'Huillier, prévôt des marchands, lui ouvrirent les portes de la capitale et lui remirent les clés, Henri les embrassa, en leur disant : *« J'ar-*
» *rive avec l'oubli des erreurs et la mémoire des services. »* Il entre à
minuit : le lendemain, il va droit à la cathédrale, entend chanter le
Te Deum, se rend au Louvre, et dîne en public devant une foule immense qui se presse pour le contempler. « Laissez-les tous s'avan-
» cer, disait-il, *ils sont affamés de voir un Roi.* » Les Espagnols sor-
tirent de Paris : le Roi se mit à la fenêtre pour les voir défiler, et
leur dit : « Recommandez-moi à votre Maître, *mais n'y revenez pas.* »

Les Etats généraux de France, convoqués par le Roi, confirmè-
rent bientôt ce que la Providence avait fait.

Ce fut à Rouen, dans l'abbaye de Saint-Ouen, au milieu de laquelle Henri IV était assis dans une chaise élevée en forme de trône
sous un dais ; à ses côtés étaient les Prélats et Seigneurs, derrière les
quatre Secrétaires d'état ; au dessous les Premiers Présidens des
Cours souveraines. Henri leur dit le 4 novembre 1596, et *tout fut
dit....*, car tout fut réalisé :

« Si je faisais gloire de passer pour excellent orateur, j'aurais ap-
» porté ici plus de belles paroles que de bonnes volontés ; mais mon
» ambition tend à quelque chose de plus haut que de bien parler :
» j'aspire au glorieux titre de libérateur et de restaurateur de la
» France. Déjà, par la faveur du Ciel et par les conseils de mes fidè-
» les serviteurs, je l'ai tirée de la servitude et de la ruine. Je désire
» maintenant la remettre en sa première force et en son ancienne
» splendeur. Participez, mes sujets, à cette seconde gloire, comme

BIBLIOTHÈQUE ROYALE

» vous avez participé à la première. Je ne vous ai point ici appelés
» pour vous obliger d'approuver aveuglément mes volontés ; je vous
» ai fait assembler pour recevoir vos conseils, pour les croire, pour
» les suivre, bref pour me mettre en tutelle entre vos mains. C'est
» une envie qui ne prend guère aux barbes grises et aux victorieux
» comme moi ; mais l'amour que je porte à mes sujets, et l'extrême
» désir que j'ai de conserver mon état, ME FONT TROUVER TOUT
» FACILE ET HONORABLE. »

« L'assemblée, émue jusqu'au fond du cœur par de si tendres paroles, travailla avec affection à trouver de quoi continuer la guerre
contre les ennemis de la France. » Et le Roi s'en retourna content de
ses sujets. « A son retour, dit Mézeray, les plus grands..... Ligueurs
se piquèrent d'être les restaurateurs de l'Etat. »

Ils ne *se piquèrent* pas seulement d'être les restaurateurs de l'Etat,
ils le furent.

C'est que les *Ligueurs* étaient *Catholiques*, ne fût-ce qu'en apparence ; et qu'on ne saurait guère et long-tems se dire fidèle à *Dieu*,
sans l'être au *Roi*.

Surtout lorsque le Roi se proclame lui-même, ne fût-ce qu'en apparence *, Catholique : le sacrifice de *l'amour propre*, qu'on a très-
bien défini, *le plus terrible des amours*, est le plus et même le seul
Catholique des sacrifices.

Les Ligueurs, par la Profession de foi d'Henri IV, avaient la *Messe ;*
par le sang d'Henri IV, ils avaient la *Légitimité* et la *Masculinité*.

C'est à l'union de ces deux grandissimes choses, que la France de
Louis XIV, et par contre-coup l'Espagne de Philippe V, ont dû leurs
grandeurs passées ; c'est à elle qu'elles devront encore, incessamment leurs grandeurs à venir.

La Restauration de la Légitimité est aussi facile ** à s'opérer en 1844,

---

* Des hommes, un seul d'abord, un, sans doute, qui ne savait pas la
simple omnipotence naturelle de la raison catholique, prêta ou supposa à
Henri IV le mot fameux que *Paris valait bien une Messe.*

Charles V ou Charles VI, peu importe, pourra bien penser et dire devant
les hommes et même devant Dieu, que *Madrid vaut bien* (elle vaut infiniment mieux) *une constitution* et même *une charte* généreuse.

** La question d'une facilité de Restauration a été jugée affirmativement
même pour la France, qui en est si près et si loin, sur les conclusions élo-
quentes de l'avocat-général Nouguier, et en présence du procureur-général

en Espagne, qu'elle était difficile en France, ou plutôt à Paris, en 1593.

Elle avait, dans le dernier cas, contre elle : — et ces Guises ambitieux, tout puissans, et habiles, qu'on a nommés : « les *d'Orléans*, avec la foi de plus, » — et les Parlemens, qui se croyaient les Etats généraux en permanence et même inamovibles ; — et tout le Clergé, toute l'Eglise de France ; — et cette Rome tout entière, et alors, même selon le monde, toute puissante ; — et la mémoire si fraîche des révoltes et de la cruauté des Calvinistes, et même des victoires, des siéges et de la famine, du Roi *de Navarre*, etc., etc.

Le retour du Roi en Espagne a déjà, au fond, tout et tout le monde pour lui.... Hormis quelque *Ayacuchos*, des *queues d'Espartero*, des *Prim* (qui voudraient se cacher sous le titre de *Comte de Reuss !*), etc., la plupart étrangers, et qui se renient déjà.

« L'*Espagne*, a dit Zurbano dans sa prison en Portugal, *est » comme un fusil qui fait feu par la culasse. Vous n'êtes pas capa-» bles de porter quelques livres de liberté, et vous en voulez un » quintal !* »

Les *quelques livres de liberté* que l'Espagne ne peut *porter*, c'est celle des *Zurbano;*..... le *quintal* dont elle est ivre, et qu'elle aura, c'est celui de la *liberté des enfans de Dieu* et du Roi.

XIII.

CHARLES V EN REGARD DE FERDINAND VII.

L'un qui invoque, l'autre qui a paru abolir....., en mourant, la *Loi Salique.*

On sait assez les vertus de l'*Homme* dans Charles V.

Ses ennemis eux-mêmes ne lui reprochèrent jamais que ce qu'ils

du Roi des Français Hébert, par la Cour Royale et même Royaliste de Paris, le....,... novembre 1843, dans le Procès de la *France,* nomment un excès : ..... la foi portée jusqu'à la plus tendre, jusqu'à la plus aveugle piété à la *Vierge des Douleurs*, sous l'Egide de laquelle il a placé à jamais son Royaume, sa famille et lui-même.

Les qualités du *Prince* et de l'ancien *Infant d'Espagne* ne sont pas moins avérées :

Il s'associa, dès le principe, à la fortune, ou plutôt aux infortunes de son royal et vertueux père; et depuis, et autant qu'il put, à celles de son frère Ferdinand.

Ce qui frappa un jour Bonaparte, au point de lui faire échapper (On tient le fait du maréchal Molitor) : « *Le seul Carlos m'intéresse et m'effraie.*

» Ferdinand, au contraire, m'indigne et me fait mal. »

Bonaparte se fait dire, ou plutôt il dit lui-même, dans la *Relation authentique des événemens de Bayonne :* « Je soutiendrai un Roi malheureux contre son fils rebelle. »

Le Roi n'avait pas été le second à juger son malheureux fils; et toutes les menées, toutes les perfidies même de Godoy ne feront pas que Charles IV se fût aveuglé au point de se mettre gratuitement « à la tête de ses gardes, pour arrêter lui-même Ferdinand de sa main »; et d'écrire gratuitement à Bonaparte : « ..... Mon fils aîné, l'héritier présomptif de ma couronne, avait formé le complot de me détrôner...... »

Dans le fait, avant, pendant et après Bonaparte, l'infant Ferdinand voulut régner avant le tems.

Et voilà pourquoi la Providence ne bénit pas, parut maudire son règne, et lui refusa persévéramment..... un héritier légitime.

La restauration d'Espagne ne fut qu'une longue et incessante révolution de 1815 à 1833, où les Cortès dominantes faisaient tout et ne faisaient *rien* à la fois.

La Providence sembla même ne pas bénir la personne de Ferdinand, et ne rien bénir autour de lui :

Depuis sa naissance à Saint-Ildephonse, le 13 *Octobre*, jusqu'à sa mort le 29 septembre 1833 d'une attaque d'apoplexie, il n'a cessé de souffrir, de voir souffrir, et de faire souffrir autour de lui. — Sa première femme, si royale, si jeune, si belle, si spirituelle, plus odieuse encore à Godoy qu'il ne le lui était lui-même, mourut à la fleur de l'âge, et tout d'un coup. « A l'âge de vingt-deux ans, et avec toutes les apparences de la santé et de la force, elle expira dans d'horribles souffrances, quelques jours après avoir pris une tasse de chocolat. L'apothicaire de la cour, qui fut généralement soupçonné d'avoir fourni les moyens de consommer ce crime, fut trouvé étranglé chez lui quelques jours après la mort de la princesse, et la police prit grand soin de faire disparaître une lettre qu'il avait écrite quelques minutes avant de mourir. » (Voy. la *Biographie universelle.*)

Une seconde femme ne fit que lui rendre la vie plus terrible : c'était la sœur *cadette* de la femme usurpée, de la femme profanée de ce Godoy, qui s'appelait *Prince de la Paix**, et qui n'était pas autre chose que le *Roué* et le *Régent Philippe* de l'Espagne ! – de cet infâme Godoy, auquel il fut depuis forcé de laisser la vie, dans une circonstance inouïe, au mois de mars 1808. Le récit est de l'exact M. Michaud :

« Godoy fut découvert caché dans un matelas ; au même instant, le prince fut assailli par une multitude furieuse qui le traîna dans les escaliers, lui fit plusieurs blessures, et l'aurait infailliblement massacré, si Ferdinand, à la prière de son père, ne fût couru à son secours, à la tête de quelques gardes. « Je vous fais grâce de la vie, *s'écria Ferdinand.* — « *Seriez-vous donc déjà Roi?* » dit Godoy. — « *Pas encore*, répondit Ferdinand, » *mais je le serai bientôt.* »

Une troisième femme, venue d'une simple principauté et d'une odieuse petite cour d'Allemagne, celle de *Saxe*, vécut aussi d'une vie stérile et de quelques années.

La quatrième et dernière épouse du malheureux roi est assez connue. Elle date précisément du dernier mois de la plus malheureuse année de la France, de l'Espagne et de l'Europe : 1829.

Ce mariage *in-extremis* de Ferdinand fut le pire de tous, à ses propres yeux : il ne lui donna que des *filles*....., dont le regret, dont le berceau préluda si vite à sa tombe.

---

* Ce *Prince*, non *de la Paix*, mais de la guerre civile et étrangère de l'Espagne, le premier criminel d'Etat de son pays (après son Roi et ses Reines), qu'il domina avec les mines d'or du Nouveau-Monde, pauvre, délaissé par sa femme elle-même, *Gît* de son vivant, au moment où nous écrivons, et nous l'avons vu, sous le plus triste toit de la rue de la *Michodière!*

Dernier et mémorable Exemple, qui ne sera pas le dernier, de la *fin* et de la Justice même temporelle (en attendant l'autre) de toutes les sortes d'Usurpateurs!

Et, toutefois, ne voulut-il pas, durant presque toutes les années et usqu'aux derniers momens du règne de Bonaparte, et malgré les ndignités de celui-ci à l'égard des Bourbons de France et des Bourbons d'Espagne à la fois, ne voulut-il pas s'allier à une nièce du tyran de l'Espagne ?..... Ne la lui demandait-il pas encore à Valençay ?

Il se contentait même (comme a fait Narvaez, la veille de son équipée), d'une *Tascher*, et jusque d'une *Montebello ?* « que Bonaparte refusa comme il fit toutes autres, de peur d'assurer par là une postérité à la dynastie des Bourbons. » (V. la *Biographie universelle*.)

Bonaparte faisait encore ici, seulement par des raisons différentes, comme la Providence. L'un et l'autre, comme *le Père*, dans une fable de La Fontaine : *Frappaient à côté*......

Ferdinand, en voulant faire (s'il était vrai qu'il voulût faire) par son *Testament*, ce que tant de mariages n'avaient pu, un héritier légitime, aurait comme défié Dieu devant Dieu.

Faut-il s'étonner des troubles, des guerres, des calamités qui s'élevèrent sur le Testament et sur le tombeau de Ferdinand VII ?

Voilà les bases terribles et funéraires du trône actuel d'Isabelle.

Charles V et le Prince des Asturies ont, il faut l'avouer, d'autres titres aux respects, à la confiance, à l'amour et aux espérances des Espagnes.

. . . .

Ainsi qu'on voit, il y a, il doit y avoir *un côté gauche*, un *côté* même infiniment *gauche*, dans une branche quelconque de la Famille des Bourbons, comme dans les plus nobles familles ordinaires, précisément parce qu'il y en a un infiniment *Droit;* et les vices et les crimes même d'un de ses membres ne doivent servir qu'à faire admirer plus et à utiliser davantage les vertus des autres.

XIV.

MANIFESTE D'UNE DÉCLARATION DE MAJORITÉ DE PRINCESSE EN CON-
GRÈS ESPAGNOL, LE 10 NOVEMBRE 1843, EN PRÉSENCE D'UNE ÉLEC-
TION ROYALE DE REINES TRANSITOIRES OU APPARENTES, DANS
L'HISTOIRE D'ESPAGNE.

La *Loi Cognatique*, c'est-à-dire, au fond, la meilleure peut-être
des *Lois Saliques* ou *Masculines*, puisqu'elle n'appelle jamais les
filles du Roi que comme *moyen instantané* des petits-fils, ou des ne-
veux, ou des cousins du Roi, la Loi Cognatique, nous l'avons établi
assez, a toujours été le *Droit commun* des Espagnes et du Portugal.
Et il faut en dire, pour ce pays comme pour tous les autres, avec le
célèbre et vertueux conseiller-d'état Monthyon, dans son magnifique
Rapport à Sa Majesté Louis XVIII, à Constance, en 1796 : « La
Loi Salique est la Loi Fondamentale, ou il n'en existe *aucune* dans
aucune partie de l'univers. »

Et les Cortès aussi, et les Conseils de Castille, et les grands règnes,
et les siècles-rois, d'appliquer la Loi Salique et Cognatique ; et les
Rois, et surtout les Reines, de l'accepter pour leur gloire et surtout
pour leur bonheur.

C'est ainsi qu'entre autres exemples, souvent rappelés, on voyait,
en Aragon, en Catalogne, etc., don Martin proclamé Roi après la mort
de son frère Jean Ier, qui n'avait que des filles ; — en Navarre, un
don Carlos précisément, et un don Philippe, frères du roi, passer Rois
l'un après l'autre, de préférence à Jeanne, fille du Roi.

En général, l'exclusion médiate ou immédiate des femmes avait
lieu toute seule, et sans opposition aucune. Lorsqu'il y eut une fois un
doute, ce fut précisément pour la grande Isabelle. Or, écoutez-la dire
à l'oreille de l'histoire, qui s'en est souvenue : « Les différends élevés
sur le droit au trône ne m'ont pas moins fatiguée que vous. Quelle
nécessité y a-t-il de fixer des droits ?..... Là où je serai Reine, vous
serez Roi, je veux dire gouverneur de *toutes choses, sans limites ni
exception aucune...* Il faut dissimuler quelque peu, eu égard au tems,
et pour *montrer* que nous faisons cas des légistes. »

(Aujourd'hui, il n'est plus même besoin de montrer cela).

Et lorsque cette grande Reine Isabelle Ire, sans *seconde* possible, se ravisant plus tard, et demandant à son Roi, de garder en propre, et pour *ses menus plaisirs*, je ne sais quelle principauté locale qui lui advenait de son chef, le Conseil suprême de Castille, Cortès par excellence, et qui ne riait pas, lui, décida la petite question comme la grande : « Puisqu'au Roi appartient *le Royaume*, *à fortiori le duché*. »

Les autres *femmes* de cette sorte, qu'on doit appeler *de transition*, loin d'avoir été *Reines* de fait, n'ont pas même donné lieu aux historiens de leur faire *des noms*, et c'est avec autant de sens que d'esprit qu'un savant Espagnol s'est écrié : « Voit-on jamais figurer sur nos monumens, à la tête de nos lois, de nos jugemens, sur nos inscriptions, les noms d'*Ormesinde*, d'*Adosinde*, de *Sancha*, d'*Urraca*, de *Bérenguèle*, de *Pétronille*, les seules ... *Reinettes* selon *Christine?* »

Mais laissons parler ici un savant et exact Espagnol :

« Toutes les fois qu'il y a eu absence d'héritiers mâles pour occuper le trône, le pays a été réputé placé en *un cas extraordinaire* ; et, afin de pourvoir à la nécessité, les rois, avec l'avis de leur conseil, et *quelquefois* avec le concours des cortès du royaume, choisissaient un successeur auquel ils donnaient en mariage leur fille ou leur plus proche parente, qui, *en manière de dot, apportait le royaume à son epoux*. Ainsi l'ont pratiqué, comme le constate notre histoire, Veremond III, mariant à Ferdinand, sa sœur Sancha ; et Alphonse VI, donnant sa fille Urraca à Raymond, comte de Bourgogne ; et ce qu'il importe de remarquer, c'est que *pas une* des princesses sur lesquelles s'appuient les défenseurs du nouveau trône d'Isabelle *n'obtint le titre de reine avant son mariage* avec le prince désigné pour gouverner comme roi. Si quelqu'une d'entr'elles eut la prétention de monter sur le trône d'une autre manière, comme le fit *Urraca, elle eut à souffrir l'opposition la plus vive, et fut obligée de se désister de ses prétentions*. Ce qui se passa entre Ferdinand et Isabelle prouve d'une manière non moins éclatante à quel point était établi le droit des princes de la famille. *Peu d'années auparavant, le roi Henri IV*, cédant aux exigences menaçantes des ennemis conjurés contre son gouvernement, avait *déclaré successeur au trône son frère don Alonze*, avec ces paroles expresses : *que* CE DROIT LUI

APPARTENAIT ET NON A D'AUTRES, quoique le roi Henri eût une fille
dont il reconnut depuis par serment la légitimité; mais quand,
après la mort de don Alonze, on l'obligea de déclarer la succession
transmise à sa sœur Isabelle, il ne dit pas, comme auparavant,
qu'elle lui appartenait de droit, mais seulement *qu'il donnait son
consentement à ce que sa sœur Isabelle fût reconnue et proclamée
princesse et sa première héritière.* Que l'on compare ces deux déclarations, et de leur différence résultera clairement que le roi Henri
était aussi convaincu de la validité du droit de son frère, préférable-
ment à sa fille, qu'éloigné de reconnaître ce droit à sa sœur. La loi
par laquelle les femmes étaient absolument exclues du trône d'A-
ragon avait dans ce royaume la même force que *la loi Salique en
France; et elle est* appelée de ce nom par l'érudit Isla, qui s'en réfère
à Zurita, à Dormer et à d'autres historiens du même royaume. Il
est de fait que les Aragonais n'ont jamais prêté serment à aucune
princesse; et si, sous le règne de Ferdinand et d'Isabelle, à défaut
d'un prince de la famille par porter le sceptre, ils reconnurent et
proclamèrent leur fille Jeanne, ce fut certainement dans l'espoir
qu'elle donnerait un héritier auquel la succession pourrait être re-
mise. Les paroles par lesquelles Alphonse de Fonseca cherchait à
adoucir la reine, un peu offensée de l'opposition qu'elle trouvait dans
les cortès d'Aragon, sont dignes de remarques : « Je ne puis accor-
» der, Madame, lui dit-il, que les Aragonais fassent mal..... Comme
» c'est pour la première fois qu'ils reconnaissent une fille du roi hé-
» ritière de la couronne, il n'est pas étonnant qu'ils hésitent un peu
» et qu'ils s'effraient de la création d'un précédent QUI, DANS L'AVE-
» NIR, POURRA LEUR ÊTRE FUNESTE *. »

Voilà la façon Légitime d'un *Vive le Roi!* par un *Vive la Reine!*
Voici l'autre :

Et d'abord l'Election des contrefacteurs de Rois.

Grâce aux *Constitutions* unies *de l'an* XII, de 1812, de 1837, c'est

---

* Voyez l'*Examen raisonné de la Cause et des Hommes qui peuvent sauver l'Espagne.* L'auteur, qui a professé le droit dans une Université supé-
rieure de son pays, est peut-être le plus grand jurisconsulte de l'Europe. Sa
logique étant toute de choses, son traducteur français de Montpellier a pu
le rendre supérieurement. Les orateurs et les poètes seuls, n'exprimant que
des *mots*, sont intraduisibles.

encore pire que chez nous. On est électeur presqu'enfant (à 25 ans), et le plus souvent sans propriété foncière, et moyennant 50 livres, plus ou moins précaires, de je ne sais quel impôt! Dans Saragosse, par exemple, il y en a 7,000 de cet acabit. Mais, ce qui donne à la ville d'Espagne la noblesse sur une ville de France ou d'Angleterre, dans les 7,000,.... 1,600 seulement ont accepté ou souffert le droit, et.... 600 seulement l'ont exercé en 1843, pour élire les électeurs d'Isabelle!

La même scène avait eu lieu pour les cortès de 1832, qui s'humilièrent sous la faction *cognatique efféminée ;* — la même, pour les Cortès de 1834, pour les Cortès qui proscrivirent Charles V; — mais la même aussi pour les Cortès suivantes qui chassèrent Christine à son tour, et proclamèrent Roi, ou , si vous le voulez, *Régent*, le fils d'un.... *charretier !*

Et cette expulsion de la Reine-Mère, et cette proclamation du charretier-Roi, à l'unanimité!!!

Il faut le dire, la Nation, le Peuple même des Espagnes, n'est pas et ne saurait être jamais là : ce sont ses caricatures ou ses tyrans.

C'est une minorité, et une très-grande minorité....

La *majorité militaire* elle-même est représentée par les 100,000 *Volontaires* qui accoururent un jour à la voix de Don Carlos, et dont les restes décimés paraissaient n'obéir encore qu'à leur Roi en obéissant un jour à Maroto.

Il n'est pas jusqu'à la *Majorité numérique* qui n'appartienne en Espagne au Roi.

Et l'un des plus avancés du parti libéral, M. André Borrego, vient d'en convenir jusque dans l'*Heraldo :* « Les Carlistes ont eu pour eux *incontestablement* la majorité numérique de la Nation, seulement elle est *sans système raisonnable.* »

Le dernier trait ne manque pas d'innocence :

C'est précisément parce que l'*Heraldo* de Christine ne trouve pas *raisonnable le système* Royaliste et National de Charles V, que ce *système* est éminemment *raisonnable* et national , et qu'il finira, comme la Raison et la Nation, par avoir raison.

A entendre l'autre jour M. *de la Rosa*, « LE PRESTIGE DU TRONE *fit que les armées ennemies mirent bas les armes et s'embrassèrent comme des frères.....* »

« Mais après cette accolade, dit une feuille indépendante de Madrid, on a dit : *Guerre à mort aux Carlistes*, et, les armes à la main, on les a chassés des élections, et ceux qui l'ont dit et qui les ont chassés se sont fait élire Députés : les Cortès les ont admis, et M. Martinez n'a pas eu honte de proclamer *qu'ils* AVAIENT ÉTÉ ÉLUS DANS UN VOTE LIBRE, TRANQUILLE ET NOMBREUX. Peut-il y avoir un plus grand cynisme ! »

Quoi qu'il en soit, et à quelques jours de là (car tout va vîte et lentement en Espagne) : « Un quatrième carrosse d'honneur ; un cinquième carrosse attelé de six magnifiques chevaux avec panaches roses ; cette voiture contenait l'*infante sœur* de la reine avec Mme *Torreno* ; venait enfin un sixième carrosse aux *emblêmes des deux mondes et de la couronne* ; six magnifiques chevaux qui le tiraient portaient fièrement deux beaux panaches bleus. Dans ce carrosse était la reine avec le manteau *royal et* Mme *de Santa-Cruz.* A la droite de la voiture était à cheval le général *Serrano*, et à la gauche le général *Narvaez.* Sur le passage de ce cortége vraiment somptueux une foule immense et empressée faisait retentir l'air de joyeux vivats. Un nombreux état-major et quelques escadrons de cavalerie fermaient la marche.

» A deux heures un quart a commencé la séance royale. S. M. occupe le trône, et sa sœur *le siége à sa gauche.* Les ministres et les dignitaires du palais, parmi lesquels on distingue le vénérable *duc de Bailen*, prennent les places qui leur sont indiquées par le programme. Le président du sénat s'approche du trône ; il tient en main *le Livre de l'Evangile ouvert.* S. M. se lève, et, la main sur le Livre Saint, elle prononce d'une voix sonore et douce le serment solennel, dont voici la formule : « Je jure devant Dieu, et sur les Saints Evan-
» giles, que je respecterai et ferai respecter la *constitution* de la mo-
» narchie espagnole, promulguée à Madrid le 28 juin 1837 ; que je
» respecterai et ferai respecter les lois sans avoir d'autre but que le
» bien national. Si je faisais en tout ou *en partie* le contraire de ce
» que j'ai juré, je *ne devrais pas être obéie* ; au contraire, ce que je
» ferais serait nul et de nul effet ; qu'ainsi Dieu me soit en aide, si-
» non que j'en sois responsable *devant Lui.* » Des acclamations d'enthousiasme en l'honneur de la reine, de la constitution et de l'infante, accueillent le serment prononcé par S. M.

» A l'issue de cette séance royale, le cortége devait se rendre à l'église d'Atocha, où une cérémonie religieuse était annoncée : elle n'a pas eu lieu.....

» Dans la réception officielle des félicitations des deux Chambres, la reine a montré autant d'aisance que de dignité. Lorsque après la Chambre des Députés, le Sénat est arrivé pour présenter ses hommages à la reine, qui s'était retirée après la réception des Députés, elle est revenue s'asseoir sur le trône. M. *le président* de ce *corps législatif* a adressé la parole à la reine en ces termes :

« Madame, le sénat, ainsi que la nation *tout entière*, *se flattent*
» que, pendant le règne de Votre Majesté, les institutions que la na-
» tion s'est données se consolideront, et qu'elle sera pour nous le
» gage de paix et de bonheur qui fera renaître l'*union* et la *concorde*
» si nécessaires à la prospérité et à la félicité publiques. Le Sénat *se*
» *plaît à se persuader* que ses espérances seront accomplies, et en
» présentant ses félicitations à Votre Majesté, il *se félicite lui-même*
» dans cet heureux jour, *présage de tant de bonheur.* Puisse le Ciel
» accorder à Votre Majesté de longs jours pour la prospérité de cette
» patrie aussi digne de vous que vous l'êtes d'elle ! »

» Sa Majesté a répondu :

« Les sentimens que m'exprime le Sénat répondent parfaitement
» au patriotisme et à la circonspection qui président à toutes ses dé-
» délibérations, et les vœux qu'il forme pour la prospérité de l'Es-
» pagne sont aussi ceux de mon cœur. Avec votre secours, et en *me*
» *conformant toujours à la lettre et à l'esprit* de la constitution de
» 1837, je m'efforcerai de réaliser les espérances que mon règne a
» fait concevoir à la nation espagnole. »

» Voici le discours qui a été adressé à la reine par M. *Olozaga* :

« Madame, les Députés de la nation espagnole ont l'honneur de se
» présenter devant Votre Majesté à l'occasion de la déclaration de ma-
» jorité de Votre Majesté prononcée par les Cortès. Les Députés ont
» discuté avec calme et *indépendance* cette grave affaire. Ils ont voté
» consciencieusement, et ensuite ils ont décidé *à l'unanimité* qu'ils
» auraient l'honneur de vous offrir leurs hommages comme Espa-
» gnols et comme Députés. Ils félicitent en même tems Votre Majesté
» des années *longues* et prospères que *promet son règne*, et ils font les
» vœux les plus ardens et les plus sincères pour sa gloire et pour le
» bonheur de l'Espagne. Votre Majesté peut compter sur l'appui du
» congrès des Députés, qui, indépendamment de son importance et
» de son influence légale qui lui appartient toujours, en a reçu une
» grande encore du *mandat que lui a confié la nation* espagnole,
» prouvant ainsi combien il est dangereux de rompre l'union qui doit

» toujours régner entre le gouvernement constitutionnel et les Cor-
» tès. Les Députés vous réitèrent leurs profonds sentimens d'adhé-
» sion et de respect. »

» La reine a répondu :

« J'éprouve la plus vive satisfaction en voyant pour la première
» fois autour de mon trône les Députés de la nation, et je reçois avec
» avec reconnaissance les sentimens que vous m'exprimez en son
» nom. Demain, *Je* jurerai *la constitution.* En l'observant fidèle-
» ment, et avec le secours des Cortès que je respecterai *toujours,*
» pour assurer la stabilité du gouvernement et la tranquillité des po-
» pulations, je ferai le bonheur de la population espagnole, qui a fait
» tant de sacrifices pour la défense de *mon trône constitutionnel.* »

Le plus spirituel, c'est-à-dire le plus français des journaux, en a
très-bien *dit* ce que *tout le monde* en *pense* en Espagne encore plus
qu'en France :

« La Reine d'Espagne vient de prêter un serment solennel à treize
ans. M. Pasquier disait hier, à ce propos, qu'il est bien de commencer
jeune, cela fait qu'on a plus de tems et de sermens devant soi. »

Raillerie à part, c'est, on peut le dire, dans cette cérémonie, dans
cette scène vraiment dramatique, que *tout* le monde *était* Roi, *excepté*
le Roi lui-même, et même la Reine ; — et que tout le monde, et la
Reine surtout, voyaient d'autant mieux le *Roi* et le Prince des Asturies, que le *Roi* et le Prince des Asturies n'y étaient pas...!

> *Præfulgebant...... eo ipso quòd effigies eorum non visebantur.*
>   TACITE.

Mais il est un des 193 usurpateurs du jour (car la *majorité* de la
minime a été déclarée par ce nombre néfaste), qui a vu plus particulier le *roi* qui *ne meurt jamais,* qui l'a fait voir plus que tous à tous,
c'est l'ex-petit professeur *de langues et de littérature* à Paris, l'ex-
poète dramaturge à Madrid, le ministre au *Statut* immortel........
de deux ans....., enfin, Martinez de la Rosa. Il n'a pas craint de
dire que la *déclaration* de la *majorité* * d'une *mineure* de treize ans
(c'est-à-dire une dénégation de la nature) « détruirait *entièrement*
l'espérance du prince *ambitieux* qui n'a *pas encore* voulu renoncer
à ses DROITS, après avoir été vaincu *tant de fois* par la *Providence*
et par la *fortune.* »

---

* « Saint Louis, dit Montesquieu, ne fut majeur qu'à... 25 ans. »

Comme si la *Providence* pouvait se concilier avec *la fortune*, laquelle n'est autre chose que sa dénégation ou sa caricature!

Comme si la Providence n'était point *patiente parce* qu'elle est *Éternelle!*

Comme si l'*Ambition* n'était point Légitime ou Usurpatrice, selon que son Auteur ou son Possédé est cela lui-même!

Comme si *une minute* n'avait pas suffi jusqu'à présent, en Espagne mieux qu'en France, pour rendre vainqueur le vaincu, et vaincue la *Victoire!*

Mais le *Réparador* du lendemain a répondu supérieurement au Rhéteur à l'*eau rose* de la *fortune*, et cela par deux mots magnifiques de Dieu! ....Don Carlos, « n'a *pas encore* voulu *renoncer* à ses *droits?* » — Il a donc des DROITS à vos yeux, *Serviteur ingrat!* — *Pas encore?* — il y *renoncera* donc!... *il faudra* donc, selon vous, qu'il y *renonce*, pour le salut de l'Espagne, et pour le vôtre!... vous présumez bien, vous-même, de la Magnanimité du roi!... Il y a tout un développement de cœur humain et d'*ambition* dans ces paroles d'un Parvenu : *Ex ore tuo te ipsum judica, Serve nequàm!* — « Après avoir été, ajoutez-vous, tant de fois vaincu par la *Providence* »? — Injure transcendante à la Providence, car le Saint-Esprit a dit que la Providence n'abandonnait jamais le juste, lors surtout qu'il a été vendu : *Hæc venditum Justum non dereliquit!*

P. S. Il suffit d'un jour pour tout changer à nos *ordres du jour.* En même tems qu'un des *prétendus* d'Isabelle, qui a lu les *Manifestes*, sur, pour et contre lui, s'il a lu quelque chose depuis deux mois, le duc d'Aumale, paraît *jurer, mais un peu tard, qu'on ne l'y prendrait plus*, un autre se met sur les rangs pour sauver (on dirait pour *médicamenter*) l'Espagne, le Duc de *Medina*-Cœli,..... le très-*petit*-fils de ce Gouverneur de Tarifa assiégée, qui répondit au rebelle le menaçant de voir couper la tête à son fils : « L'intérêt du Roi crie plus que celui du sang : *Mas pesa el Rey que el sangre.* »

Les faiseurs, les *refaiseurs* de ce pays vont, dit-on, jusqu'au *Nouveau-Monde* cherchant un *homme*...... *de paille* à Isabelle, ... comme autrefois leur voisin Annibal : « Cherchait çà et là dans tout l'Univers un Ennemi au Peuple Romain. »

TABLE ANALYTIQUE

DU *MANIFESTE*.

Avertissement sur le sens du titre de *Manifeste à la Presse, aux Rois et aux Chambres Européennes, pour les Droits et la Liberté des Princes Légitimes.*

Justification rationnelle de l'objet du *Manifeste.*

Raison générale de la Monarchie héréditaire.

Théorie et philosophie inconnues de l'Hérédité masculine et de sa *Loi nationale*, sous l'antique dénomination de *Loi Salique;* — qu'elle existait en Espagne, et peut-être plus pure et plus sociale qu'en France, en haine des *Branches Cadettes*, sous la dénomination de *Loi Cognatique;* —Magnifiques opinions, sur ce point, de Grotius et de Bossuet. — Histoire des Reines et des femmes politiques anciennes et modernes. — La Reine Christine et sa fille Isabelle nouvellement considérées. — Histoire des Prétendans à l'alliance d'Isabelle : — le Duc d'Aumale; — encore un Cobourg; — le Duc de Bordeaux; — le Duc de Cadix; — le Duc de Lucques; — les Princes de Naples; — le Prince des Asturies. — Histoire encore inconnue de la magnanimité et de la haute sagesse de Charles V et de son Royal Fils.

PIÈCES POLITIQUES ET HISTORIQUES A L'APPUI DU MANIFESTE.

I. Traité de la *Loi Salique*, par le Publiciste Bodin. — II. Jugement de cette *Loi*, par le Président Hénault; — III. par Voltaire; — IV. par l'Angleterre. — V. Une alliance de fille de Roi avec son cousin, en haine de l'étranger. — VI. Un Prince étranger en Espagne, jugé par les Ecrivains *nationaux* de France : MM. de Châteaubriand et Alexandre de La Borde, Guizot et Thiers. — VII. Manifeste de M. Dupin l'aîné pour la *Légitimité*, la *Nationalité* et la *Loi Salique*, — VIII. Manifeste inconnu de La Bruyère pour les Princes Légitimes, contre les Usurpateurs des trônes. — IX. Manifeste du bon La Fontaine, Electeur du Roi d'Espagne. — X. Manifeste de la Scène française. — XI. Manifeste du Roi des Français sur la *Loi Salique* et le mariage d'une Isabelle d'Espagne. — XII. Manifeste et facilité de la Restauration du Roi Légitime par excellence : Henri IV, aïeul de Charles V. — XIII. Charles V en regard de Ferdinand VII, l'un qui invoque, l'autre qui a paru révoquer *in Extremis* la *Loi Salique*. — XIV. Manifeste d'une déclaration de majorité de Princesse en *Congrès* espagnol, le 10 novembre 1843, en présence d'une Election Royale de Reines transitoires ou apparentes, dans l'histoire de la grande Espagne.

Entre autres *Errata* visibles :

Lisez : *puisque*, page 10, ligne 9.

www.ingramcontent.com/pod-product-compliance
Ingram Content Group UK Ltd.
Pitfield, Milton Keynes, MK11 3LW, UK
UKHW021736090726
13657UKWH00002B/752